施明德的政治遺囑

美麗島軍法大審最後答辯狀

施明德

獻給　江炳興 泰源革命烈士

一九六二年，我們是「台獨聯盟案」的同案被告。

一九七〇年，是你把我的命留下。

二〇一八年，足足四十八年後，你當年被捕時，在台東警察局前高喊「台灣獨立萬歲！」的聲音，才終於從檔案裡蹦出來讓我們聽見。

江炳興
陸軍官校 33 期學生
1939 - 1970
台中市大里人

目錄

自序
遺囑，往往是歷史的聲音　019
美麗島軍法大審施明德的最後陳述　033
請求判我死刑！我請求！我請求！

美麗島軍法大審最後答辯狀——一個奉獻者的最後剖白

謎樣的傳奇人物　043
一個逃避空襲的小孩　047
雙重身分，兩項使命　053
台灣人，人權工作者　055
世界公民，反戰份子　059
台灣問題與基本人權及世界和平的關係　067
解決台灣問題的方式　073
解決台灣問題的具體方案　083
我對如何突破台灣問題的主張與做法　099

無家可歸的出獄人——現代「李伯」 103
推動「台灣民主運動」的藍圖 107
四大「階段」，四條「路線」 119
台灣現代史的里程碑——「美麗島政團」 141
「美麗島精神」永遠不死 149
形成「中華民國模式的台灣獨立」的人際背景 155
「台灣悲劇」——台灣人寧做小國的主人，不做大國的奴隸 159
「大陸人」陷於窘境中 167
國民黨當權集團的本質 173
流亡政權的報復心態 175
少數統治多數的恐懼心態 181
「中華民國模式的台灣獨立」的含義與作用 191
從國際法看「中華民國模式」 207
放棄武力，公民投票 225
願為人權與和平受苦受難 233

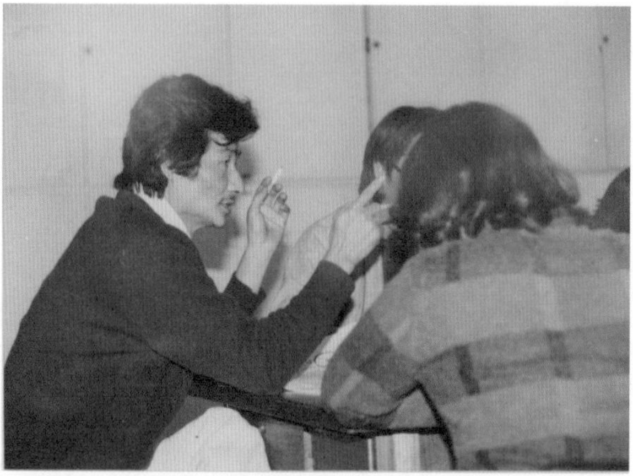

施明德（抽菸者）1978 黨外總部幹部會議

施明德 （正面左一）1978 黨外總部幹部會議

施明德 1978.11.11 陳婉真民主餐會

施明德（左一）黃信介（右一）
1978.11.11 陳婉真民主餐會

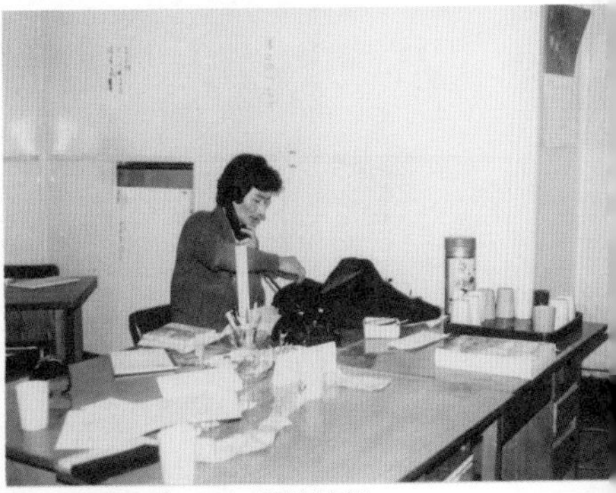

施明德電話中 1978 黨外總部

施明德 1978.12.05 全國黨外候選人座談會 台北中山堂

施明德（右）艾琳達（左） 1978.12.05
全國黨外候選人座談會 台北中山堂

橋頭事件：余登發被捕，黨外發起戒嚴時期第一次遊行出發時
1979.1.22 施明德（右二戴眼鏡者）陳菊（右一）周平德（右三）黃順興（右四）張俊宏（左二）楊青矗（左三）許信良（左四）姚嘉文（中間）

橋頭遊行
1979.1.22 施明德（居中白上衣披彩帶者）

施明德（右方白上衣看向左側者）1979.2.4 借新年之名在桃園遊行，聲援許信良。

施明德（左一）、陳菊（左二）、曾心儀（右一）1979.3.9
景美警備總部軍事法庭 余登發案開庭

張俊宏（左方站立著黑西裝者）、黃信介（中間坐沙發者）
施明德（右角落站立者）1979.4.12 黨外為發表「黨外國是聲明」主張積極重返聯合國會議。

施明德 （左三）1979.6.9 黃順興在彰化成立服務處，遭治安單位騷擾。

施明德（左四）艾琳達（左三）1979.6.24 黨外候選人聯誼會在高雄澄清湖聯誼，並發表聲明請政府恢復選舉。

施明德 （左一舉手者）1979.6.9 黃順興在彰化成立服務處，遭治安單位騷擾。

施明德（居中白外套者）1979.11.20 雜誌社總經理施明德要求管制交通的憲兵軍官放行，讓民眾自由進出。

1980.12.10 美麗島事件
上：背對者披彩帶者為施明德
下：站在貨車上左為姚嘉文，居中者為施明德，右邊是政治犯徐春泰（也就是後來出賣施明德領獎金者之一，但國家迄今不願正式公開這個謎底。）
照片出處國家檔案局

1980.12.10 美麗島事件
上：群眾聚集聽演講
下：演講者施明德
（照片出處國家檔案局）

1980.12.10 美麗島事件
上：群眾聚集聽演講
下：演講者施明德
（照片出處國家檔案局）

兵

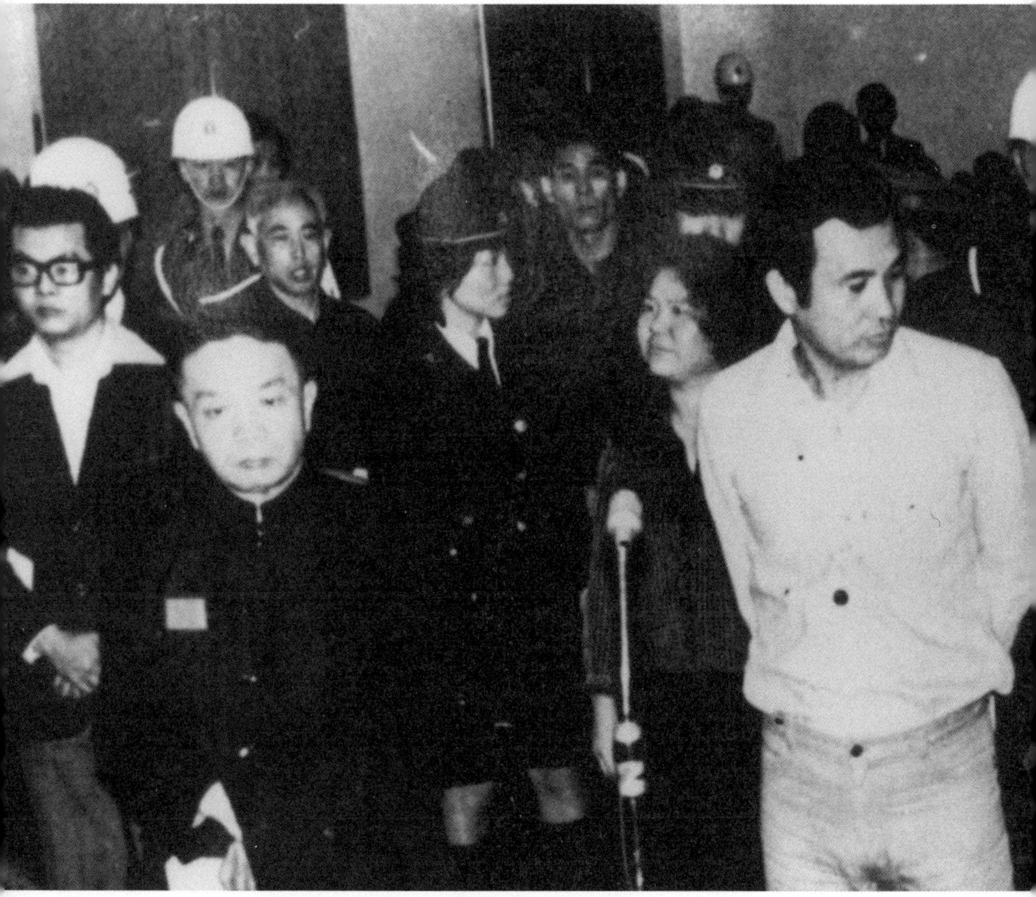

1980.3.18 美麗島軍法大審 景美警備總部軍事法庭
由左至右依序為：張俊宏、黃信介、陳菊、姚嘉文、施明德、呂秀蓮、林弘宣

自序

遺囑，往往是歷史的聲音

美麗島事件是台灣有史以來，最關鍵性的轉折點。它讓台灣人從世世代代的順服，從二二八的恐懼、沉默中振奮起來。

外來的蔣家獨裁政權的勢力，也從此下垂，只能靠暗殺手段塗抹其落日餘暉。繼林義雄的滅門血案，陳文成命案，到江南命案終於成為蔣家政權的最後傑作，彰顯其邪惡的心靈與本質。

美麗島事件，所以和發生在台灣歷史上許許多多大大小小的反抗事件不同的地方，在於它不是一次性、拋棄性的事件。

它是台灣歷史上第一次有台灣人的反抗行動，成為國內及國際關注的事件。尤其是該事件持續在全台灣媒體燃燒長達半年以上，高潮迭起的情節直接送到每個家庭和個人。

美麗島事件喚醒了當代的知識份子，反省自己，認識自己，定位自己。連凡夫走卒都一起接受了美麗島大審，成為庭外的共同被告。

因為那是一次外來獨裁政權，對全體台灣人的審訊。

美麗島事件所以會產生歷史性的影響作用，還有：

第一、美麗島政團的建構者，首次替台灣人民繪製了清晰又完整的台灣籃圖，並高舉了核心信念與價值，結束當年黨外時代以當選為目標的各行其是的狀態，並在外來恐怖統治下組織了一個沒有黨名的黨。海內外有意識的台灣人，終於公然連結在一起。

第二、一九七九年十二月十日，世界人權日的慶祝晚會意外引爆衝突，獨裁者下手全面逮捕，海內外台灣人因此大團結。

我在特務圍捕下，竟意外突圍成功。巨額獎金懸賞我的空前通緝行動，扣人心弦，長達一個月，使獨裁者無法速戰速決，快速結案。讓海外台僑及國際人權組織有較充裕的時間，從事營救工作。

第三、公開的美麗島軍法大審，長達九天，全面吸引了台灣人民投入。軍法大審才是真正扭轉台灣歷史的關鍵因素。沒有公開的軍法大審，美麗島事件只會是另一個大型的中壢事件而已。大審的影響，迄今未熄。

自古以來，不管東方或西方，任何政治審判都不是靠「法律辯護」可以扭轉命運的。我是所有被告，包括全部律師群，唯一一個真正想利用公開審判的場合，向全體台灣人民上一堂政治大課，強力反擊獨裁者，企圖扭轉頹勢，並向國際表達台灣人民心聲的人。

我們八名被告都是唯一死刑的被告。每一個都極可能被判死刑。我們被起訴的法條是懲治判亂條例第二條第一項：唯一死刑，褫奪公權終身，並沒收全部財產。

我已是全國包括海外公認必定會被判處死刑的叛亂「首惡」累犯。我當然知道，我的人生已走到盡頭了。

會死的人，絕大多數是低頭懇求寬容。從三零年代莫斯科大審判，二戰後紐倫堡大審，東京戰犯審判，以及台灣的所有政治審判莫不如此。

美麗島律師也清一色採取這種訴訟策略，作減刑和無罪的辯護，像一般平凡的律師所做的辯護，難望美國丹諾（Clarence Seward Darrow）律師之項背。

只有一個人例外，那就是我。

我知道是時候必須把生命獻給台灣，獻給自由，獻給信仰了。

那是個特務密佈的時代，美麗島軍法大審怎麼會沒有臥底律師？我們應該問的是那一個或那幾個不是？我的律師尤清，雖然我們從小就認識，雖然他是我堅持聘請的。但是開庭之前，我也只告訴他：「法律辯護在政治案件中是沒有用的。全程我都將行使緘默權，讓世人看到我的抗議。」

我相信獨裁者及其高級幕僚會很高興我的全程緘默，他們已有對策應付我的緘默。

其實，我只是要利用尤清律師傳出一個假消息：

「施明德放棄了。」

開庭了，我一個人講的話，幾乎比其他七位加起來的話還多！

比起十幾位律師們，不管質或影響力都更不用講了。

律師們的辯護詞只是一日新聞，最後連判決書都不理會他們的法律論述。因為在政治案件中，法律辯護是絕對無用的。

大審中所有律師們都不懂這點，加上他們對當時的恐怖政治，完全不致碰觸，不敢批判。也或許是因為這些陌生的律師，同時具備了另一種特殊身分。他們職稱上雖然是辯護律師，其實是法庭中的政治見習生或監視者。

我是所有被告中準備最充分的一個。從準備死亡到全力反擊！

調查庭該說什麼？

對質庭應如何反應？

辯論庭如何攻防？

最後陳述必須說什麼？

整個庭訊過程的肢體語言，要傳達什麼訊息給世人、後人？

這些，在囚房裡我已經獨自思考、撰述完全了。

我笑傲法庭。

一個死囚在決定他死生的法庭上，全程狂傲不羈，其實就是給獨裁者最完整有力的答辯狀。

肢體語言是另類答辯狀！

舉世有幾位準死囚在法庭上遞出這種答辯狀？

最後陳述前兩個小時，我才意外知道林義雄家發生了滅門慘案。我才順從內心的呼喚，哭泣地請求法庭：

「請判我死刑！我請求！我請求！」

在特務層層戒護下，誰能夠悄悄進去刺殺了一位老婦人和三位稚女，還能無影無蹤地消失？

這，還需要證據來證明是誰犯案的嗎！

當然是蔣家特務！

那些偽客觀的證據論者說：證據在那？

四十年後，還在問這句話，就是蠢人；否則，就是蔣家特務的同路人。

我在大審法庭的政治答辯，最主要的論述是：

第一、「中華民國模式的台灣獨立」。台灣應該獨立，而且已經獨立三十年，她現在的名字叫中華民國。公然挑戰蔣政權好戰自私的反攻大陸國策。

第二、「台灣民主四大害」：黨禁、報禁、戒嚴令、萬年國會。直斥蔣政權的獨裁邪惡本質。

第三、「先抓人再找證據」，抨擊御用司法危害台灣。

第四、「未暴先鎮，鎮而後暴」，道出美麗島事件的真相。

這些立論現在看起來，稀鬆平常，當時卻是突破性的、引領性的，致命性的。

我的笑傲，我的政治反擊，反而使獨裁者不敢殺我。

殺了我，我立刻成烈士，被封聖。

反抗者，怕死必亡！

四十二年後，除了御用司法仍在荼毒台灣之外，其他全部完成了。尤其「中華民國模式的台灣獨立」，已經是現代台灣人民的最大公約數，仍將引領兩岸的政治路線。

李登輝的中華民國在台灣；陳水扁的中華民國是台灣；蔡英文的中華民國台灣，全部源自於當年我這個叛亂首惡的法庭主張，當年曾被持續強烈抨擊。真理不怕火煉。它終於成為台灣的主流品牌。

當年我說，台灣以中華民國之名，已經獨立三十年了，今年（二〇二一）蔡英文總統說已經獨立七十二年了。代代相傳。

長期的事實，就是最強而有力的法理基礎。國際法也如是。

我當年在法庭的答辯，成為各大媒體的主題，也為國際媒體所報導。

全體台灣人民，不分海內外一起聆聽。

這份遺囑就是當年答辯狀的全部聲音。

願年輕世代復習台灣的來時路，那是台灣抹不去的信史，包括血與淚。

事隔四十二年，台灣的恐怖血腥統治已經不再存在。

民主，解放了每一個台灣人的心靈。但，同時也把人性中的劣根性，一起釋放了。這是民主的邪惡處。

民主，不是絕對完美的。

自由，不是無限制的。

人權，必須代代追求、維護。

台灣是歷經外來殖民統治四百年的美麗島嶼。台灣不是中國的一部分，反而中國才只是台灣歷史的一部分而已。

因為荷蘭、西班牙、明鄭、大清、日本和中國都曾先後輪流殖民統治過台灣。中國只是其中的外來統治者之一。何況，中華人民共和國立國以來，迄今從未一分一秒統治過台灣。

台灣，完全不像香港、澳門。

現代的台灣人民，不管你頭頂著的是台灣記憶體，還是中國記憶體，台灣終究已經是一個主權獨立的國家，我們共同生存及發展的空間。

台灣在我們這一代人手中，已經終結了台灣悲劇，結束了台灣四百年來被外來殖民獨裁統治的悲慘命運。

台灣人民當家做主了。

重新出版這本以血淚寫成的文字，我只想對晚輩們說一段話：

請好好以智慧而非口號守護台灣的主權獨立，努力使台灣成為更適合居住的國家。

使台灣成為我們珍愛的鄉土，子孫們可以放心地以台灣為永遠的故鄉，向全世界去發展，緊抱信仰與價值，追求傑出，追求卓越！

我已經沒有機會了，你們機會無窮。

這，就是我重新出版四十二年前，在死刑邊緣寫下的遺言般的文字的唯一心願。

這，亦是我第一次為這本書寫下序文。

遺囑，往往是歷史的聲音，訴說著那個時代的悲苦和美夢。

美麗島軍法大審施明德的最後陳述

請求判我死刑！我請求！我請求！

一九八〇年三月二十八日警備總部第一軍事法庭

審：剛才呂秀蓮的陳述倒是一篇文采並茂的好文章，我們會斟酌的。施明德，你呢？

施明德：「我剛才從座位上起來走到這裡發言，感覺上似乎走過了比四十年還要漫長的路途，我在這裡有一份遺書，但我不想在這裡宣讀了，我隨後呈庭。

昨天晚上聽到姚嘉文夫人說出來林義雄家發生悲劇，中午我退庭回去才有機會問清楚到底是怎麼一回事，在這種新情況下，使我做了一項很堅定的最後決定。

在整個審訊期間，審判長可以看到我到法庭來都一直面露笑容，毅然面對。但是現在我卻一點都笑不出來，而當我決定要說出以下這些話時，事實上我是要有比死更大的勇氣。

我知道，從事件發生到我意外脫逃成功，我已經是國內外的知名人物。台灣的媒體竭盡所能攻擊我，醜化我，誣蔑我，我已被形容為十惡不赦的江洋大盜。我知道，要求治亂世用重典的聲音，四處響起。根據我二十年來的經驗，以及我這幾天來的審理過程，我只希望傳播媒介不要再把我此刻的用心再度扭曲。

我這個懇求並不是出於對生命、個人榮譽的追求，而是基於對我所熱愛的國家，這塊土地和人民一份執著的愛。美麗島事件發生之後，我並沒有想到在這個意外事件發生後，在我被逮捕而與外界隔離的階段，外面世界竟有如此重大的變化。

今天中午，我才知道我的好友林義雄，家裡竟然會遭到這樣的慘禍，使我感到創痛深鉅。基於個人熱愛國家、土地、人民的心意，在諸位審判官的審理下，以及剛才我從座位上走到這裡的感受，我要在此向我們的國家致敬，同時我也願意向美麗島事件受傷的同胞，及那些怨恨我，謾罵我，視我為十惡不赦的反對者致上我的歉意。請審判長代表接受我這份歉意。（他向庭上深深一鞠躬）

同時，除了向全國同胞表示歉意，我也深切的希望能夠平息國人的怒火及報復的心理，如果大家也都是真心的熱愛我們自己的國家，土地和人民，我希望同情我們，支持我們的所有朋友能夠接受我的懇求，請收起你們的拳頭，特別是我的妻子艾琳達和海外支持我們的人士，我請求你們把對我的愛護之心，轉為對台灣的熱愛，把愛好和平的意志轉變成振動和諧的力量。」

施明德轉頭看了看右側的辯護律師尤清，說：

「尤清跟我從小認識，對我相當了解，謝謝你的關懷。」

施明德：「前天，尤清替我辯護時說，我第一時間脫逃成功，已被社會視為人民公敵，千夫所指的首惡。鈞庭是公義的法庭，請鈞庭不要屈服於社會輿論的壓力，不要因某些人的仇恨和利益，而把施明德拿去拜鬼或祭神的祭品……。但是，現在我卻要說，我要清楚地說，為了國家的利益，你們可以拿我去祭神、拜鬼！

我從來不會為個人的利益低頭，我更不是一個怕死的人，只有為了理想、正義、國家、人民的利益才會低頭。此時此刻，我只懇切的希望媒體不要再扭曲我，醜化我的心意。（開始泣）

我現在要說的，要做的動作，都不是在表演，而是我聽了林義雄家的不幸遭遇，使我知道這些都是因為我所惹起的，我接下來的訴說，絕對不是要藉此要求審判長的減刑，我要很清楚說的是：為平復國家的創傷，為替社會帶來和諧，我不要減刑，我非常堅定地請求法庭判我死刑！（泣囔著）我請求！我請求！」

施明德在哭泣中要回座位前，對林義雄伉儷深深一鞠躬。林義雄伉儷也起身回禮。旋即暫時離開出外痛哭！

辯（尤清）（泣不成聲地）：正義的法官，請不要受到任何人的淆惑，仍請您做出睿智的判決。

此時，庭內已一片哭聲，旁聽席上的旁聽人士、記者、女警、監獄官們都有人在擦眼淚，家屬們更是嚎啕大哭，連法官群中都有人在拭淚，全法庭處處泣聲……。

審：剛才是施明德的肺腑之言吧！請在場的旁聽的家屬要注意維持法庭秩序。

叛亂嫌案公訴人昨重申 起訴書中記載均為事實

強調哀矜勿喜一本公正無私

參與政治改革不容越軌從事

【台北訊】高雄暴力事件叛亂嫌案中的公訴人林輝煌昨天在言詞辯論庭中，再度重申公訴人在本案偵查期間，的確一本哀矜勿喜與公正無私的態度，依法訊問被告，林公訴人並強調起訴書中記載的各項證據均為事實。

林公訴人說：被告等八人口口聲聲要求爭人權、爭自由，要求參與民主政治的改革，政治改革並非不能改革，但必須循民主政治的常軌從事。

林公訴人說：民主政治的改革應以數人頭的方式從事，代替打破人頭。去年十二月十日高雄暴力事件中打破，

審問，該庭將面對國法，就對各被告有利與不利的證據作合理的判斷。

審判長說：開審以來，有辯護人表示已體力不支，被告也表示體力不支，他本人及合議庭的其他審判官也未嘗不是，但他說：『我們是公職在身，不敢叫苦。我們都很年輕，但我們的責任卻很重，我們對公訴人、被告、辯護人，每個人都要有交代！』

審判長說：法律的最終目的是什麼，該庭在十八日開庭以來所追求的是什麼？就是要求真、求善、求美。

他引用被告林義雄的辯護人江鵬堅律師的話說：沒有真、沒有善，沒有美，我們的社會就不能安和樂利

張俊宏作最後陳述

坦承「美麗島」有錯

自稱主張改革未料到如此結果

【台北訊】高雄暴力事件叛亂嫌案的被告張俊宏，昨天下午在軍事法庭上作最後陳述時指出，政府以軍法來審訊美麗島事件，最大的意義應不在追究過去，而是防止將來再發生更嚴重的事件。

張俊宏是緊接着姚嘉文之後作陳述，他以平靜的語調，提出他對美麗島事件的看法。

張俊宏自稱在審判即將結束，氣氛非常低沈時，他努力的控制他的情緒出庭。

他說不平衡的情緒已經在幾天的審訊中逐漸平復。因為在經歷了五十二天的長期審訊後，調查人員已在他心中留下忌恨的陰影，可是在這幾天的公開審判中，他心中的陰影已因為公正的審判而逐漸消失。

張俊宏自稱他開始了解，這整個過程是一場無法逃避的劫數，無法挽回的命運以及無法改變的劇本。

張俊宏說，由起訴書中看來，政府審訊

他認為用疏導的方法將更有效。如果持有不同意見的人，可以循有組織、有紀律的途徑表達他們的抗議，縱有後果也不會很嚴重。

張俊宏坦白的說，「美麗島」今天會淪為這種局面，本身實在犯了很大的錯誤，值得深刻檢討。他說，美麗島雜誌創刊近一年來，一切的表現都太莽撞，太急躁。

張俊宏指出，美麗島雜誌一夥人太毛躁的基本原因有二：第一，他們一直恐懼台灣進入軍事統治。第二是怕選舉中會出現不公平的弊帶。因此他們尋求「適當的防衛」。

他分析高雄事件是因無法協調促使緊張氣氛升高，以致爆發衝突。今後如何把惡性循環改為良性循環，才是審判之外最重要的事。

張俊宏自稱大審開庭以來他的情緒非常脆弱，尤其知道林家發生不幸以後，更使他徹夜難眠，姚嘉文稍前的一席話，使他感觸很深，他目前只希望悲劇快點過去。

張俊宏自認十年來，他一直主張和平的改革，未想到竟造成如此的結果。他不希望台灣在這次審判後再導致悲劇，他希望庭上審慎思考，衡量整個前因後果，再作判決。

為平復國家的創傷 施明德自請處極刑

道是由衷之言絕非表演 呼籲消弭暴戾帶來和諧

【台北訊】高雄暴力事件叛亂嫌案被告施明德昨天下午在軍事法庭辯論庭的最後陳述中表示，為平復國家的創傷，為替社會帶來和諧，他請求

他了解林義雄的遭遇，現在要談談他心中的一些感想。

施明德提醒在場旁聽的新聞記者，注意他態度上的改變，他說從大審開始，每一

因為在中午休庭的時間，他『作了一個重大的決定。』

施明德說，自去年高雄美麗島事件發生，接着他自家中脫逃以來，他已成為國內

有所要求，他是為他所熱愛的國家、土地、人民而請命。

施明德指出，高雄暴力事件發生後，他沒有想到外界會有如此大的變化，尤其是

接着施明德向審判長鞠躬，為他個人對於此一事件所帶來的後果，表示歉意。他說，『我希望我如此做，可以平息憤怒的火、報復的心，凡是國外支持他的人，包括他的妻子艾琳達在內，收起他們的拳頭，熄滅他們心頭的怒火，轉為愛台灣、愛和平的行動。

站在麥克風前，施明德對審判長欠了欠身，強調他不是表演，他知道林義雄家的事情以後，他就作了這項重大的決定。

施明德轉身看了看他的辯護律師尤清，頓了頓說，尤清與他從小認識，對他的了解非常深刻，他感謝好友的關愛。

施明德抬起頭來望着審判長說：『為平復國家的創傷、為替社會帶來和諧，我非常堅定的請求庭上判我死刑，不要減刑。

【台北訊】高雄暴力事件涉嫌叛亂被告張俊宏的辯護律師尤清，昨天就刑法、比較刑法和刑事證據的觀點，請求軍事法庭判決張俊宏無罪。

警備總部軍事法庭昨天上午八時卅分繼續進行本案的言詞辯論。被告張俊宏的辯護律師郭吉仁、尤清，針對前天答辯未完部分，分別再作補充。

郭吉仁律師認為，縱然被告的自白出於任意性，也不能作為犯罪的證據。

他指出，從法律上看，叛亂罪以非法的方法為要件，也就是客觀上和外觀上使用非法的方法才可以看作顛覆政府的行為，不包括觸犯一般法律的行為在內。

他說，美麗島雜誌社過去一連串的行為以至高雄事件，究竟是不是非法還有疑問。光從高雄事件的外觀看，也不能合理解釋為叛亂行為，或是使政府崩潰的行為。他認為，高雄事件不僅距離非法的方法顛覆政府很遠，其至距離它的預備行為都還遠。

尤清律師接着發言。他強調，被告張俊宏是黨外著名的理論家和思想家。從被告過去的著作可以探討證實，他的政治思想在於整個中國的現代化，而不只是台灣。他所從事的政治改革，完無叛亂的跡象。

他指出，被告在「台灣社會力的分析」一文中，主張消除現代化的障礙，本着愛國愛鄉的情懷，勇敢的樹立了問政的楷模。在「我的沉思與奮鬥」一文中，也表示反對暴力，要以合理的改革從事民主政治；被告又說中

律

第五版
星期六
姚嘉文．最後答辯
朗讀書面資料
共作七項陳述
高雄事件與他無關
曾作最後陳述．相信自己無罪
哀矜勿喜．九日長審終結
談法論情．氣氛肅穆謙
本報記者 吳添福

19800329 聯合報第五版「為平復國家的創傷施明德自請處極刑」

美麗島軍法大審最後答辯狀

一個奉獻者的最後剖白

作者識：就台灣歷史而言，「美麗島事件軍法大審」是一項「世紀大審」。它不只在審判「美麗島政團」的功過，也是審判台灣民族的苦難，更在審判國民黨當權的良知和本質。

在整個「審判」過程中，人們看我微笑自若，舉止輕鬆，其實我的內心非常沉重和悲慟。我不是在擔憂自己的死生，是哀傷為什麼生長在這個美麗之島的子民，必須一代又一代地吟哦著同樣淒涼的悲歌？

這份「一個奉獻者的最後剖白」，相當於我的政治遺囑。本來是要在「審判程序」進行到「最後陳述」的階段時，當庭朗讀的。沒想到就在將要宣讀之前兩個小時，我聽說「林家滅門慘案」已發生了。我受到強烈的震撼。從那匕首縫隙飆出的鮮血，有如來自我的動脈。

我疲倦、虛弱得只有放棄宣讀這份文件，並把它直接遞交「國民黨法庭」，好讓來日由歷史法庭參酌。

施明德

一九八〇年四月三日寫於警備總部軍法處看務所

謎樣的傳奇人物

法庭、各位女士、各位先生：

「美麗島事件」是台灣三十年來最轟動、最震撼人心的政治事件。這個事件不但在今天吸引了國內外全體同胞的注意力，在台灣歷史上也必將留下含意深刻的一頁。它更是我國民主運動一個最重要的轉捩點和最耀目的里程碑！

自事件發生後，經過大眾傳播媒體數月來有計劃地誇大、渲染，特別是我在大批特務層層包圍中神奇地突圍脫險，又歷經國民黨政權二十五天史無前例的全面性緊急大追緝，以迄蒙難時的種種戲劇性情節，我個人又成為舉國最注目的焦點了。有人稱我是：「一九八〇年台灣最轟動的男人。」也許，我真是當之無愧了。

但是，這個「最轟動的男人」究竟是個什麼樣的人物？

國民黨的支持者視我為十惡不赦的「暴徒」。

「美麗島」的擁護者卻把我當做「傳奇性的民族英雄」。

的確，人們除了這種情緒性的好惡反應外，對我「究竟是個什麼樣的人物」這個本質問題，依然是疑問重重。

我為什麼會在台灣的「古拉格群島」中當了十五年的政治犯？為什麼在熬過了十五年苦牢後，我非但沒有精神分裂，竟然還敢立即再度投身於社會改革運動之中？

我的理想是什麼？我到底在追求什麼？

是什麼力量使我不怕坐牢，不惜犧牲生命、自由和家庭幸福？乃至我為什麼會和美籍人類學家艾琳達（Linda Gail Arrigo）結婚？……等等。人們不是一片模糊，便是全然瞎猜或武斷推論。對社會大眾而言，這個「一九八〇年台灣最轟動的男人」幾乎完全是個謎樣的人物！

就在過去這幾天的「審判」中，這個謎底才多少被揭露了一些。其實，到目前為止，被揭露的充其量也只是一些片段和部分表象而已。人們所看到、了解到的，只不過僅僅是冰山浮現在水面上的部分，或只像觀察到一部機器的外殼罷了。今天，也許已是我短短三十九年生命歷程中公開陳述的最後一次機會了。我似乎應該對自己做一次較完整的剖白了。但是，時間顯然不會允許我在這個場合完成一部自傳。我只能選擇解剖自己的心臟，而擱置其他器官。我必須做這次赤裸裸的「剖心」工作，絕不是企圖替自己脫「罪」。我的一生有罪、無罪？我的行為是罪、非罪？我早已決定交給歷史法庭去裁決，完全不在乎這個世俗「法庭」如何發揮其世俗權力！我的自我剖心，固然是在替自己做一交代，但也可以使那些對我咆哮著「這個暴徒該殺」的人，在細聽我陳述後，不會後悔他自己已被權力集團所導演的宣傳聲浪所欺騙。當然，也可以使那些識與不識的關切者，更深入的檢討他自己是否對我做了錯誤的或不該有的關懷與支持。

雖然我已說過，這可能是我殉道前的最後遺言了，但是我絕不希望訴諸各位的憐憫心。所以，我以最虔敬的態度鄭重要求各位，請以冷靜和全然理性的神智，來聽我這份可能相當缺乏條理的解剖報告。

一個逃避空襲的小孩

一九四五年仲夏，某個晴朗的早晨。在南台灣高雄縣境內一個長滿了青翠綠竹和樹林的謐靜小村落中，有一個年約四、五歲的小男孩正蹲在一間簡陋的雞柵前。這個小男孩正在等待雞柵內兩隻母雞下蛋。打掃雞柵、餵雞和撿蛋回去給媽媽做菜，正是這個小男孩每天分擔的工作。

小孩的爸爸已五十幾歲了，原來是高雄市一位著名的中醫，篤信天主教，收入不錯。二、三十年的行醫事業已使這位貧農出身的老人變成一個中產階級了。但是，戰爭改變了所有人的生活方式，這個七人的家庭也從都市避難到這個小村落。生計艱難和日夜逃避無情的空襲，已成為生活的兩大特色。這個小孩得自遺傳，長得比同年齡的孩子略略高了一些，臉色卻很蒼白。因為他正和戰亂下掙扎的人們一樣，營養不良又罹患了瘧疾。每天正午一定會發作一次，陣冷陣熱。

這時，小孩正注視著雞柵，等待柵內傳出「咯、咯」的雞叫聲，口中卻習慣性地唸著「天主經」、「聖母經」。聽爸爸講聖經故事，背誦經文，就是這個小孩最早期的教育。忽然，一陣尖銳的警報聲劃破了寂靜的長空。小孩知道美國飛機又要來空襲了。「くうしゅう」（空襲）大概就是這個小孩所學會的第一個最具體生動的日語。

他迅速地站起來，奔向從小山腰挖開的防空洞。不久，他的雙親和哥哥們也分別抱著一些貴重物品跑進防空洞。緊接著緊急警報之後，隆隆的引擎聲由遠而近，大批飛機的怒吼聲像鬼哭神號似的籠罩著大地，窒息了無辜的逃難人。人人彷彿都被判了死刑，正等候著劊子手來行刑。在死寂中，媽媽顫抖的唸經聲打破了防空洞內的沉默，大大小小不由自己地跟著唸起經來……。一陣陣炸彈爆炸聲，夾著一波波的大地震撼，暴風和飛沙從洞口灌入，吹熄了微弱的燭光。黑暗倍增恐怖，一家人相互擁抱得更緊。「天主保佑」、「聖母憐憫我們」……老老小小只能無助地哀求上蒼……。

大地終於又恢復了平靜。小孩牽著爸爸的手，一家人魚貫地走出了防空洞。

在路上，小孩問年老的父親：

「阿爹，美國人為什麼要常常來殺我們？」

「他們不是要殺我們，他們是要打日本人。」爸爸說。

「這裡是台灣，不是日本啊。」

「是的，但是台灣是日本的殖民地。」

「殖民地是什麼意思？」小孩不懂。

「傻囝，你還小，阿爹解釋你也不會懂。簡單呷你講，就是咱台灣和台灣人攏愛給日本人管。」

「為什麼我們要日本人來管？為什麼我們台灣人不能自己管我們自己的台灣？」小孩又問：「如果我們台灣人自己來管我們自己的台灣，美國人是不是就不會來殺我們？」

「傻囝，咱台灣人已經給別人管三百年了。紅毛番、鄭成功、滿清、日本都管過台灣。傻囝，等你長大了，你慢慢就會明白做台灣人是真可憐的。」老人似乎很感慨。

小孩停了一下，他還太小，不能真正體會人類社會中的不公、不平。

「阿爹，您不是常常說，神愛世人，我們都是神的兒子？」小孩好像又碰到了另一個疑惑：「那麼，日本人、美國人是不是也是神的兒子呢？」

「是，所有的人類都是神的兒女。在天主心目中，日本人、美國人和台灣人都一樣大，都是一家人。」

「大家都是神的兒子，都是一家人，那為什麼日本人要來管我們？為什麼美國人要來殺我們？」孩子又回到了老問題。他渴望老爹能解開他幼小心靈中的疑惑。

「因為我們台灣是人家的殖民地。我們沒有我們自己的國。」老人的神色更黯然了。

「我們沒有自己的國，日本人就可以來欺負我們？美國人就可以來殺我們？」

小孩問：「那為什麼我們台灣人不自己建一個國呢？」

「傻囝，不要亂講！給日本人聽到，阿爹就會被抓去。」老人嚇嚇小孩。

「阿爹，這裡沒有日本人會聽到啦。」小孩說：「日本人欺負我們，美國人殺我們，我們是不是可以殺他們報仇？」

「不可以！」老人轉為嚴肅了：「天主愛世人，不准人殺來殺去。神愛和平，不愛戰爭。神愛世人都像兄弟姊妹一樣相親相愛。」

小孩好像還要問些什麼，老人卻輕撫了小兒子的腦袋：「去，去玩。」然後拖著沉著的步伐向家走去。

小孩只好又獨自走向雞柵。突然間，他不再像往日那樣又蹦又跳，或時而學飛機俯衝，或時而採摘路旁的野果、小花了。剛剛爸爸的話語，不斷地在他心中起伏著。一個相當模糊的概念，開始在這個小孩幼小的心靈中呈現了。以後，它還要萌芽、生根、發展和成熟。

雙重身分，兩項使命

各位當然已經猜想到三十四年前，那個逃避空襲的小孩就是在短短三十九年生命旅程中，已因為同樣一項「叛亂罪名」在囚牢中整整熬過了十五年，今天又第二度站在這裡面對死刑審判的我了。

很多人在他一生中都經歷過某一次或某些次對他的人生特具意義或決定性作用的事情。這些事情不一定要有一個完整的劇情或一套周全的概念，它可能只是一小片段的情節或一點點小啟示。但是它卻會深印在他腦海中永生難忘，而且會影響乃至支配了他的一生。對我而言，那個空襲日早晨的種種，便是銘刻在我記憶中最早的事項或觀念，並且對我整個人生發揮了無比深遠的作用。我這樣說，並不是指在那個稚齡時代的上午，我便能很清晰又具體地決定了自己的人生方向。但是，當我學會了對自己做精細的自我檢查後，我不得不說那確是一個起點，一個極端重要的時刻。空襲的悽景，父親的話語，給了我啟示，幫助我整理了思路，協助我建立起自己最原始也最根本的信念——「我擁有雙重身分，兩項使命」：

——我是個卑微的、被統治的台灣人，我應獻身於解放台灣人民的工作。

——我也是一個平等地位的世界公民，我應致力於全人類的和平事業。

台灣人，人權工作者

隨著年齡、知識、閱歷和判斷力的增加與成熟後，我知道人類社會中的不公、不平，並不只限於台灣。全世界各地區、各個時代不但都有政治上的被統治者，更有經濟上的被剝削者。許多人為的制度保護著少數特權，綑綁與壓迫著大多數。凡此現象，都可以說是對人類基本人權的侵犯。而所謂解放運動，在實質上便是要把人民從種種不公的人為制度中解放出來。換言之，解放運動就是一種人權運動。人權的概念，絕不應只侷限於政治權和自由權，她應該涵蓋人類整個的生活領域。從這種觀點出發，所謂人權的本質乃可以視為是要求對人作平等的重視；

也就是對生命、自由與人格尊嚴的尊重，以及對其在社會上所涉及的一切權利、利益與義務做合理的分配。人權的內涵是難於做精密的界說的，因為他具有時代性。每一個新時代的人民，在面對新情勢、新發展、新挑戰之下，便可能產生新願望和新要求。唯其如此，人權的伸張與維護，不但是「國家」存在的目的，也是反映人類文明是否精進的指標。

兩百年前，美國先民們在掙脫英國統治，爭取其獨立和基本人權的努力過程中，曾經莊嚴地在「獨立宣言」中宣稱人民有權利推翻加諸於他們身上的種種暴虐統治。但是，在今天這個天涯若比鄰的世界中，每個地區的人民不但有權利更有義務從事人權運動。沒有一個地區的人民有權利說：他們自願忍受低於普遍性人權水平的生活。在這個開放性的時代裡，任何地區中好或壞的情勢，都可能迅速地在別的地區發生感染作用。基於人類公益的原則，如今沒有一個地區的人民可以以「純屬國內事務」為藉口，自願扮演「低品質人權狀況的櫥窗」的角色，誘使其它地區中的「強人」或野心者起而效尤。近十幾年來，在國際問題的析論中，我們常常會聽到一項「骨牌原理」的警告。事實上，人權狀況的趨勢也同樣可以適用「骨牌原理」。所以，人權的追求與維護，不只是現代人的權利，更是現代人的義務。權利可以拋棄，義務卻不容推卸。

從肯定人權的本質及其重要性，發展到人權的世界觀之後，我終於對自己的人生價值確立了第一項奉獻目標。生於日本殖民地時代的我，曾經強烈地厭惡日本的「殖民地統治制」；長於國民黨當權集團的「少數統治多數」下的我，同樣不能忍受國民黨當權集團的「類殖民地統治制度」。前幾天，在所謂「調查庭」和「辯論庭」中，我曾指出在「台灣民主運動」中，存在著「黨禁」、「報禁」、「戒嚴令」和「萬年國會」四大害，其實這四大害也只是一些較明確的表象和「台灣民主運動」在現階段的主要奮鬥主題而已，並不是屬於本質的問題。問題的根源乃在於：只要有「殖民地式統治」或「類殖民地式統治」存在，台灣必然就會有反民主、反人權的形形色色的事例出現！真正的人權運動者，不但要正視個別的事例，更應全力處理會不斷製造反人權事端的根源。關於這點，下面我還會有所陳述。

各位，如果有人追問：我為什麼會在短短一生中已坐牢十五年，此刻又面對第二次「審判」？我要回答各位：

——因為我堅持既生而為被統治的台灣人，我不能放棄人權工作者的使命！

世界公民，反戰份子

剛才我提過，我最早期的教育是宗教教育，天主教教育。虔誠的父親訓誡我們兄弟姊妹要「敬神愛人」。先父曾殷切盼望我會成為一個神職人員。幼年時，我自己也曾有過這種憧憬。只是這個憧憬已隨著童年喪父早已消失了。但是，每當我重溫這個童年憧憬時，我很肯定地自知，果真我實現了先父遺願成為一個神職人員，我必定也會是個很積極的「入世神父」。因為我一直認為天主教（基督教）教義中的「敬神愛人」，「愛人」應重於「敬神」，至少也不能重敬神而輕愛人。何況，從力行上言，「敬神」往往只是一種誠意或虔敬的形式表達，「愛人」卻需要身體力行，有時還得有犧牲一己普渡眾生的決心和勇氣，對教徒們來說，「愛人」實在是一項較艱難和更具挑戰性的任務，我卻喜歡。

儘管我童年濃厚的宗教情操已隨著先父的過世逐漸淡薄了，甚至已稱不上是個虔誠的教徒了，但是我始終認為自己的所作所為依然深受教義的影響。其變化只是在於我已減少了對宗教中那份曾經極度激發我懷古幽情的神秘的「敬神」禮儀的嚮往，相對地卻把教義中「愛人」的部分視為是天主教（基督教）的真正精髓或主旨。這種體認，終於成為我人生哲學的最主要支柱。

雖然在我長達三十餘年的學習過程中，包括十五年的牢中苦修，其他的哲學體系或理論，諸如「唯心論」、「唯物論」、「進化論」、「英雄史觀」、「存在主義」、「超人哲學」、「無政府主義」……等等，都曾給予我正面或反面以及或多或少的影響。但是，基本上天主教（基督教）的「愛人」教義，仍然才是我的思想主流，包括前述的人權運動在內，都和這個「愛人」思想有不可分的關係。

如果把「愛人」思想與我的人權運動分開（實際上是分不開的），我必須說，就是這個「愛人」教義，導致我認同於「世界公民」的身分。由於這種認同，我自然會密切地關懷全人類的戰爭、和平、裁軍、災難和公義。沒有一個世界公民會置身於人類禍福之外。任何一個存有世界公民意識的人，亦必定都會堅持「人類禍福與共」的原則。這也可以解釋為什麼前幾天在「調查庭」中，所謂「審判長」企圖以「這裡是中華民國，不是外國」為由，要替國民黨政權辯護，要排除民主政治基本原則適用於台灣時，我會率直地回答：「這，涉及到普遍性的價值標準。」我的語意就是：台灣人民也是世界公民。台灣人民沒有義務長期忍受國民黨當局所施予的低於目下一般文明世界的民主政治水平。

我的思想從天主教教義的「愛人」原則，發展到世界公民意識及全人類禍福與共的信念後，在進一步的取向時曾遭遇到一段相當艱難的掙扎。簡潔地說，這個掙扎便是——

「應該以替天行道的胸襟，突破國界之限制，參與世界革命？」或者「應該尊重人類社會結構在現階段的國際組合及民族自決原則，對內自求民族解放，對外則力求維護國際和平？」

在這個叉路口做抉擇，顯然並不輕易。身為一個世界公民的認同者，「參與世界革命，把拯救全人類視為己任」，不僅在理論上合乎信仰邏輯，在感情上更是充滿豪情壯志的誘惑。有很長、很長的數年歲月中，我在這條叉路口徘徊，難於下最後決心。我不斷沉思，大量涉獵書籍，仔細觀察已奉獻了生命或仍健在的「革命者」的實際行為及其所引起的反應及後果。好不容易我才選擇了後者。如果我還能活得夠久，我希望有機會能把那段心路歷程，在實際對照在那個階段中親筆記下的許多筆記後，做一詳實剖述。但是，今天不可能。一則時間已不允許；再則如今我身陷大牢，手邊只有一管筆和一刀十行紙。此刻我只能很概略和扼要的說明一下自己何以做此抉擇的幾點主要理由。我的理由一定不夠周延，也不會有足夠的說服力。好在今天我是身在「法庭」剖析自己而已，並非站在講台上。各位當能體諒。

一、人類歷史的發展有其條件性及階段性，難於超越。

二、世界大同的觀念固然已有兩千多年之久，天涯若比鄰的事實到底還是在近幾十年才真正出現。觀念和實際的差距，仍有待於時間來逐漸縮小。

三、各地區及各民族間的物理條件和人文結構等等的差異性仍極強烈。

四、人類迄今還未證實某一套學說或制度是絕對正確和完美的，「世界革命者」仍缺乏放諸四海而皆準的「革命武器」。

五、革命或改革無法輸出或移植；至少在現階段排斥力仍相當巨大。

六、輸出革命對世界和平的破壞性，可能仍大於改革的成就。

在做了抉擇後，我在獄中便投注了近十年歲月於國際法及相關科目的研究，我認為在一個世界政府未真正建立，「國家」這部機器還未完全萎縮之前，我身為一個世界公民固然仍應關切全人類的天災人禍，但最主要的努力應當在於維護世界和平。

自古以來，締造和平及發動戰爭的權力，一直只操縱在極少數「領袖人物」手中。但是，可能很少人想到反對戰爭的力量卻是每個人都擁有的，從採取各種積極的反戰行為到消極地拒絕對好戰者或好戰論喝采，都能產生反戰作用。如果全人類中每一個平平凡凡的個人都能把反戰的力量加以發揮，就一定能使那隻幻想以「一將功成萬骨枯」做犧牲品來成就其個人在歷史地位中的所謂「豐功偉業」的巨手，無法開啟戰爭的閘閥。反戰不拘形式，卻是導致和平或維護和平的另一種手段，而且是不分貴賤賢愚，人人都能做到的。這種觀念，終於使我成為一個堅決的反戰份子。除了自衛戰之外，我反對一切戰爭，不管它被統治階級冠以任何動聽的理由。

各位，這就是我為什麼在被囚禁了十五年之後，又第二度到此受審的第二項真正因素：

——身為世界公民的反戰份子，我反對台灣海峽兩岸戰火重燃，包括反對中共政權的所謂「解放台灣」的戰爭，以及國民黨政權的所謂「反攻大陸」的戰爭！

台灣問題與基本人權及世界和平的關係

很多人喜歡把他們悲天憫人的愛心與智慧，以文學宣洩或坐在客廳裡大聲疾呼改革社會弊端。這些人有愛心、有思想、有抱負，當然也算是有貢獻。我卻不喜歡只限於做這類「文學革命家」或「客廳改革者」，我不能滿足於這種角色的淪於空談和缺乏挑戰性。

我喜歡把自己的思想、信仰和時代相配合並落實具體的奮鬥目標之上。我更喜歡親自去面對實行過程中種種可預知或不可預知的考驗，並支付各種代價。我相信存在所以會有價值，是指它能做為一種方式，以成全個體或整體的理想而言。

在我一生的每一個階段中，我都不曾中止摸索新的方式。我一直在試圖透過某種形式或手段使思想具體化、事實化。即使置身大牢時，也是如此。我認為這樣也算是不斷地在給自己的生命做詮釋。（像我這種人，難怪就非以牢為家不可了，是不是？）

所以，在剖析了我的基本心態後，我自然應該進一步報告我如何使自己的思想、信仰與社會運動相結合。這一部分，我也希望儘量扼要地說明重點，避免列舉細目，以免耽誤各位太多時間或為「法庭」所不允。

誠如各位所共知，第二次世界大戰已結束三十年了。日本人也早已全部遣送返國了。但是，對台灣人民來說，戰爭的威脅一直沒有停止。所不同的，只是從被日本軍閥驅使去為「大東亞共榮圈」的帝國主義美夢做炮灰和承受盟軍的威脅，轉變為要替國民黨當權派的「反攻大陸」神話賣命和承受中華人民共和國的犯台威脅而已。同時，台灣人的被統治者地位，仍然一如戰前，還是台灣島上的二等國民。（此項事實，只要簡單地從權力分配及職業性質來區分，便能一目了然。目前在台灣的一百多萬「大陸人」，分佈並控制著黨、政、軍、警、特務系統、司法、立法、監察、外交、財經金融決策、教育文化、新聞傳播及各公營企業機構。他們平均教育略高，有權力、有社會地位，工作輕鬆，絕大多數都能享有退休及醫療等社會福利的保障。相對的，一千五百多萬「台灣人」卻「霸佔」了農、工、漁、牧、小販、中下級公務人員、士兵、員警、低級服務業及大小私人企業和醫療工作。他們的平均教育水平略低，多靠體力勞動謀生，大多數不能享受社會福利的保障。）所不同的，只是外來的國民黨統治集團取代了日本總督。（把日據時代的「總督府」改為今日的「總統府」，不是最生動、具體地說明了這次權力遞嬗性質？）第二次世界大戰的終止，不管在和平的展望或基本人權的提昇上，都未給台灣人民帶來實質的利益。如果有人要以經濟狀況已大大好於戰前來反駁我，我會更有力地說：如果台灣今天仍在日本統治下，台灣人民的經濟生活會比現在在國民黨政權統治下更好得多！貧瘠的琉球在歸還日本後，經濟狀況的良好，就是一項有力的佐證！

我做這樣的對比和結論，並不是故意要對國民黨政權做猛烈的抨擊，只是要藉此點出台灣人民何以不能像世界上其他被壓迫的或殖民地的人民或民族，從第二次大戰眾多犧牲者的鮮血和生命中獲得解放，乃是因為三十幾年來受困於舉世周知的「台灣問題」未能獲得公正、公平的解決所致。所謂「台灣問題」，簡單地說，就是台灣主權何去何從的問題。這個問題，從戰爭甫告結束便已存在，但是要到一九四九年國民黨政權從中國大陸全面潰敗，藉韓戰的機緣與美國的大力扶持，終於形成在台灣海峽一岸與中華人民共和國對峙後，才真正構成一個舉世矚目的「國際問題」。

由於「台灣問題」的未能解決，使國民黨當權派有了藉口，三十年來始終把持政權，拒絕還政於民，並對內實施其反民主、反人權的種種措施，使台灣的人權狀況自然難予獲得根本的改善。兩岸領袖又各自堅持其「解放台灣」和「反攻大陸」的「目標」，不僅使兩岸人民不時有被迫走上戰場的可能，亦使本地區乃至全球的和平、安定及列強間的政略安排，多少都受到「台灣問題」陰影的投射，成為戰後以來世界和平的潛在威脅之一。像這樣一個既妨害人權又影響世界和平的「台灣問題」，如何使其得到公正、公平的解決，自然成為我二十幾年來努力和奉獻的最大主題了。

解決台灣問題的方式

熱衷於解決「台灣問題」的人士，不乏其人。許多國內與國際人士，民間與官方，各相關國家的政府、國會及國際人權機構，都渴望並鍥而不捨地在尋求解決「台灣問題」之道。但是，應以什麼方式與方案解決，迄今仍缺乏一致結論。現在我準備簡單扼要地把業經提出的方式與方案加以整理、歸類並分析後，才說明我二十幾年來所致力的方案。

解決「台灣問題」的方式，主要不外三種：戰爭、談判與拖延。

一、戰爭方式解決

以戰爭方式解決爭端，是人類最古老的方式之一，也是北京政府和台北政府不時叫囂的方式。如果這種方式可以使用和應該使用，問題便早已不存在了。戰爭不但將使兩岸億萬生靈為之塗炭，本地區的國際均勢也必然會受到破壞。所以，除了兩岸狂人外，應該不會有正常人會加以贊成。我個人誓死反對，也希望喚起兩岸人民同聲反對。

三十年來，兩岸所以能維持相當的平靜，未激起全面戰火，不是由於雙方領袖的自制，應完全歸功於美國政府與人民在台灣海峽兩岸所發揮的積極平衡作用。由於美國及亞洲各非共國家曾經以及仍將從台灣海峽兩岸的維持現狀中得利，為了美國及各非共國家的利益以及道義上的責任，美國不應在台灣問題獲得公正解決之前，撤除此項平衡裝置或作用。從美國所簽署的相關「公報」及「台灣關係法」中，一再重申美國視「和平解決台灣問題」關係美國利益來看，我相信美國將不會輕率地撤除其在台灣海峽的平衡裝置，置台灣安危於不顧的。

身為一個反戰的台灣人，我今天願意在此公開向美國歷屆政府、國會及人民深致謝意！

二、談判方式解決

人類紛爭，除非一方徹底消滅另一方，否則終必以談判結束。談判應該是解決台灣問題的最佳和最終方式。但是，任何談判都應該雙方都有願意談判的意願，和相信談判至少不會導致更壞後果的信心，才可能進行。可惜，這種意願和信心，三十年來並不存在。

以中華人民共和國的立場而論，她願意談判是理所當然的。如果談判順利，能從談判桌上藉以大吃小的方式達到「解放台灣」的目的，當然最好不過。如果不能，僅僅「談判」本身便會給地位脆弱的中華民國的國民黨政權造成相當的破壞力，使北京政權在統戰上獲利。所以，中共一再呼籲談判，不足為奇。

反之，中華民國的國民黨政府的處境便大不相同了。她和中共有五十年的血淚鬥爭經驗和教訓了，她深知在目前的情勢下談判縱然能替她獲得一個「聯合政府」的地位，她頂多只能扮演「配角」或「跑龍套」的角色。一切都得仰賴中共鼻息，情勢良好時形同被軟禁；狀況一旦惡化，便可能人頭落地。國民黨當權派對付異己，一貫使用關與殺，他們比誰都深切了解大權旁落的悽慘。三十年來，他們在台灣稱王、稱霸，享盡人間榮華、特權，他們才不會傻到去和中共談判而自斷前程。何況，不談判有美國制衡，有海峽屏障，中共不見得能在越海作戰中獲勝。即使戰火不利了，國民黨的領袖們都早已在暗中做好安排，在國外置產設卡了，有子女親人在異邦設好新窩了。情勢劣轉，屁股拍拍，專機一坐，中共豈奈他何？倒楣的還不是廣大被統治、愚弄的台灣人民，包括三十年前追隨蔣介石來台的無權無勢的大陸人，只有坐待中共新頭子的擺佈了。所以對國民黨當權派來說：「和談最好的結果，還比不上不和談最壞的結果。」既然如此，她才不會相信中共任何「糖衣毒藥」的談判條件，去和中共和談。值得一提的是，絕大多數的台灣人民和黨外政治人士也擔心和談會導致台灣淪入中共之手，除非中共承諾以「中華人民共和國」和「中華民國」對等地位做基礎，而非以「共產黨」和「國民黨」平等地位做基礎，否則，也不贊成和中共進行貿然的談判。今天，台灣人民忍受國民黨政權之統治，不是因為喜歡國民黨政權，而是更不歡迎中共政權。

這點，國共雙方都得深思。

其次，談判雖然可以在沒有先決條件下展開，但至少應有雙方都可預見的某種折衷方案或許可以達成才會有意義。否則，談判只會淪為一種姿態，一種宣傳。談判一旦破裂，必使兩岸的情勢益形緊張，反而增加了戰爭的威脅。事實上，今天兩岸當權派的「底價」完全是南轅北轍、各懷鬼胎。就目下情勢而言，不談反而比談好些。如果非談不可，我個人認為雙方什麼先決條件都暫可從缺，但一項由夠格的「第三國」（如美國）或國際組織（如聯合國）提供保證的雙方「互不使用武力宣言」卻不可少。唯有雙方均保證：「即使談判破裂，也絕對不使用武力」，談判才值得大力鼓吹。但是，在目前的情勢下，要取得這項「宣言」，談何容易。

所以，我個人的看法或立場是：兩岸對峙問題終應以談判方式解決，但，不是在今天！至於兩岸離散親人的通訊、相會和團聚等等問題，國共雙方都應基於人道主義允許民間及人權組織設法解決，使人道問題與政治問題分離。

三、拖延方式

拖延，就是把問題保持原樣，暫不急於處理。拖延，當然不是解決問題的最後途徑。但是，在不能戰，不該戰，又和不了的狀態下，拖延便可以算是一種「方式」了。因為拖延可以爭取到一項極珍貴的東西——「時間」。時間，可以冷卻情勢，化解仇恨。時間，可以培養解決問題的新又睿智的方案。由於兩岸領袖數十年血海深仇依稀存在，由於兩岸人民對永久解決台灣問題仍未找到雙方均能接受的方案，拖延，已成為最佳的選擇了。

但是，在這段拖延的緩刑期中，台灣至少有兩件事不能忽視。第一、取得適度的自衛武器。自古以來，均勢一直是國與國，集團與集團之間，維持和平的手段之一。為了預防中華人民共和國政府犯了冒險主義的錯誤，企圖以武力否決了台灣一千七百多萬人民的自決權，台灣應擁有足夠的自衛武器。和平主義不等於投降主義；反戰者也保留自衛戰的權利。第二、台灣的民主化必須加強。民主化是維護與促進人權的手段之一。如果台灣民主與人權的情勢不能改善，又不能以法治取代三十幾年來的人治，台灣內部的裂痕勢必擴大。團結一旦喪失，力量必然分散，便有可能誘使中共採取冒進政策。要達成上述兩項目標，必須國民黨當權派與台灣人民協同努力外，美國政府與國會顯然仍居於關鍵地位。因為根據「台灣關係法」，美國有出售防衛性武器給台灣的義務。同時，根據該法的「人權條款」，美國履行「台灣關係法」的目的之一，仍在於維護及促進台灣人民的人權狀況。所以，美國必須將軍售與人權配合履行，這是「台灣關係法」的立法主旨。只有在這種情形下，履行「台灣關係法」才有意義。

台灣人民願意納稅購買武器，是為了要防衛中共的武力侵犯，以防止中共憑武力扼殺了台灣人民的基本人權和自決權。如果軍售交易不附帶著改善人權的條件，國民黨當權派勢必因為已擁有足夠的能力無懼於中共的侵犯，恃強轉而繼續對內欺凌台灣人民，拒絕還政於民。那麼，軍售便變成了僅僅是在保護國民黨當權派的既得權利，以及變相地變成壓迫台灣人民的幫凶！這，已完全喪失了「台灣關係法」的軍售意義。這，也絕對不是台灣人民提供血汗錢購買軍火的本意！如果三十年前來自大陸的蔣介石集團要一直父傳子、子又傳孫地永遠騎在台灣人民頭上，台灣人民為什麼必須花錢又賣命地去對抗中共政權？

在此，我謹向美國人民與政府懇切呼籲：「台灣關係法」應予履行，而且應全部履行，包括「軍售條款」與「人權條款」一併履行，尤其應使兩者成為不可分割的履行對象。即應該採取：「軍售與人權結合的對台政策」！

解決台灣問題的具體方案

台灣問題所以會歷時三十年未能解決，而且仍將繼續拖延時日。固然有很多複雜因素，其中主因之一，則是長期以來迄未有一項方案能為兩岸所共同接受。到目前為止，所有方案幾乎都是各說各話。現在，我也把所有重要方案經過個人之整理、研究後，扼要地說明。我認為所有建議都可歸類為四大方案之中，而且將來實現的方案，也必定在此四大方案中加以增刪、修飾而已。

一、「單一國或聯邦方案」

依據國際法，一個國家或政治實體是否算是一個「主權國」或「完整的國際法人」，是取決於她對內是否擁有絕對自主的管轄權，以及她是否能對外代表其所管轄的人與物，而不受其他主權體的支配。能夠這樣的，便是「主權國」、「獨立國」或「完整的國際法人」。

不能這樣的，便是不完整的國際法人或其他稱謂的省、州、屬國、被保護國等等。簡單的說明例子是：「美利堅合眾國」是個聯邦型態的完整國際法人，其轄下的五十個州都是不完整的國際法人。而「中華人民共和國」是個單一國型態的完整國際法人，其所屬的各省和自治區都不是完整的國際法人。

三十年來在這個大方案下被提出來的模式有：

(A)「一個中國模式」

三十年來，海峽兩岸的政府都宣稱「中國只有一個」，而她自己才是中國「唯一合法政府」，並以消滅對方政權，完成統一為「天職」。

本模式經過三十年的事實顯示，只能算是一種口號、理想或神話了。它完全不能反映兩岸事實，也不符合本地區及兩岸人民之利益。台灣人民拒絕接受「中華人民共和國」的統治已是不爭之事實，一個獨立的「中華民國」的存在，對刺激「中華人民共和國」的現代化、提昇中國大陸人民的物質生活水平及提供兩岸不同制度的實施績效與經驗，也只有好處。大部分世人已逐漸有一致的看法：即使兩岸應該或會「統一」，也是「將來」，而不是在「今天」。

(B)「自治區或西藏模式」

這是「中華人民共和國」發現無法用武力征服台灣，使台灣成為她的一個「省」或「自治區」後，在統戰上所提出來的號召。但是，不管是「省」或「自治區」，都不是國民黨政權或台灣人民所能接受的。在「品味」過三十年不隸屬於任何一個大國而享有「事實上」的獨立國滋味之後，很少台灣人民會同意再接受「中國」所統治，更不會相信在共產主義的信仰下，北京政府會使台灣成為一個真正的「自治區」。再說，雙方既不能談判，本模式便沒有實現之可能。一旦訴諸戰爭，如果北京政府贏了，她絕不會再給台灣「自治區」的地位了。那時，她要予取予求了。

(C)「一個中國兩個合法政府模式」

這個方案，北京政府嚴予拒絕。它是國民黨政府在喪失「聯合國代表權」後，向後退卻想要爭取的地位。本模式最為國人所熟知的便是丘宏達教授提倡的「德國模式」。不幸，本模式不但北京政府拒絕，在法理上也有無法自圓其說的矛盾或瑕疵。因為現行國際法和政治學所公認的基本原則之一，便是「一個國家只能有一個合法政府」。這項基本原則是不可能有例外的，否則國際社會體系將陷入紊亂狀態。事實上，從國際法觀念而論，今天的德國並不是「一個德國，兩個合法政府」，而是「兩個德國」各有一個「合法政府」了。「東德」和「西德」雖然都宣稱：「德國終將統一。」但是，這種「聲明」只能算是沒有法律拘束力的「政治意向」宣示，對兩個德國的人民或許有其政治意義，對國際社會卻毫無作用。

現在已沒有一個國家會對涉及「西德」管轄權的事項去和「東德」的柏林政府磋商；反之，亦不會找「西德」的波昂政府討論。「德意志聯邦共和國」和「德意志人民共和國」都已不折不扣是「完整國際法人」或「獨立國」了。

二、「兩岸分立方案」

所謂「兩岸分立」，便是使兩岸三十年來各自獨立的實現，從「事實狀態」演變成為「法律狀態」。本方案即是承認兩岸兩個政治實體都是「完整國際法人」，互不隸屬，沒有「中央」與「地方」的關係。

本方案已有兩種著名的模式：

(A)「一中一台模式」

本模式最能正確反映兩岸事實，對兩岸人民也最為公允。但北京政府拒絕。國民黨政權雖然在表面上也嚴加斥責，但是她的動機和北京政府不同。她是怕本模式含有承認「台灣獨立」的語義。國民黨政權恐懼本模式會使台灣人翻身，以致使她喪失既得權益。這點，等一下我還會陳述。大概為了消除國民黨當權派的這種恐懼感，賓州大學張旭成教授曾以「新加坡模式」取代。丘宏達教授和張旭成教授的苦心，我很敬佩。

(B)倒「兩個中國模式」

本模式事實上就是「一中一台模式」或「新加坡模式」，所不同的只是「稱呼」

或「名稱」上的表面差異而已。本模式為北京政權反對，國民黨政權以前也反對。但是自從聯合國席位被剔除，特別是「美中建交」後，國民黨政權震驚於國際地位已一落千丈，才開始轉變態度決定「偷偷摸摸地」接受它。前述的所謂「德國模式」，根據國際法法理分辨，其實就是「兩個中國」的巧妙稱呼。

本模式如果略加註釋，應該可以使嚮往或獻身「台灣獨立」的台灣人所接受。因為在國際法上，一個「國家」的成立要素是：「領土、主權、政府和人民」。至於「國家」的「國名」、「國歌」和「國旗」等等都只有政治意義而與構成「國家」的法律「要素」毫無關係；而且只要其人民願意，他們隨時都可以自行合法改變其「國名」、「國歌」和「國旗」。如果獻身「台灣獨立」的人士，只因為不肯接受「中華民國」這個名稱而反對或阻撓了台澎地區三十年來業已存在的「完整國際法人」資格，顯然是意氣之爭和缺乏國際法素養的。有鑑於此，多年來我才研究出一種可以使接受「兩個中國模式」和「一中一台模式」的雙方人士都可以輕易了解的折衷稱呼：「中華民國模式的台灣獨立」。我懇切希望雙方人士都真正本著愛台灣的心胸，不要在「國名」、「國旗」和「國歌」等次要問題上做無謂的爭執！只要對國家與人民有益，我絕不在乎有人改叫我「德明施」。叫我「德明施」或「施明德」都無損於我頂天立地的人格！在目前的政情下，真正識大局又有學養的人，應該不要強求我們的國家應該改稱為「台灣共和國」，而不肯接納「中華民國」這個「名稱」。我們應該重視的是，怎麼做才更能確保我們國家在國際社會上的「完整國際法人」地位，及減少國內人民間的對抗與衝突，而不是在「稱呼」上大做無謂的爭執。

本（兩岸分立）方案中的任一模式，都有一項共同的特色：那就是實現的過程中，不必經過兩岸政府的談判，也不必兩岸政府一致的認可，只要一方的政府與人民自行決議，並由國際社會依據事實與國際法原則加以接受或承認便行了。在兩岸已分立三十年之久及兩岸政府根本不可能談判的現狀下，本方案顯然已是解決「台灣問題」各方案中，可能性最高的方案了。當然，在推動的初期難免會遭到中華人民共和國的片面反對和阻撓。但是，這種反對或阻撓根本不足為奇，也不值得擔憂。畢竟世界上許多新國家的誕生或國家的分裂，都曾經歷過這種陣痛的。國際社會和國際法對分裂國家或新國家的承認，早就有一套可供遵循的法理規則與條件了，絕對不是「中華人民共和國」的片面反對或阻撓便能封殺的！許多缺乏國際法素養的文士或國民黨當權派的文奴，在這件事情上往往誇張了「中華人民共和國」「同意」的份量。這是無知和危險的，足以誤導全體台灣人民的正確選擇！更可笑的是某些平常打著「效忠國民黨，反對共產黨」的學者或人士，一遇到這個問題（台灣問題）便會援引北京政府的「主張」來恫嚇台灣人民：「中共說過，只要一、台灣倒向蘇俄；二、台灣製造核武器；三、台灣宣佈獨立；四、台灣內亂，便要出兵攻打台灣。」如果「中共」這麼有力，她何以早不攻打台灣？等台灣有了核武器，「中共」打起來才過癮？這樣「不通」的主張，竟然有人相信？而相信的人竟然會自稱是「效忠國民黨，反對共產黨」的「學者」！

三、「國協、邦聯或同盟」方案

本方案是前述兩大方案的「折衷方案」。本方案的主要內容是：⑴承認兩岸現存的兩個政治實體——「中華人民共和國」和「中華民國」均為國際法上的完全國際法人。⑵在兩者之上再成立一個類似「大華國協」、「大華邦聯」或其他經雙方同意的「不完整國際法人」，以維繫雙方的「鬆懈關係」，一如「大英帝國」

的殖民地或屬地紛紛獨立後所形成的「大英國協」。

本方案的價值在於：⑴尊重兩岸分立之事實，避免兩岸人民貿然屈服於另一方的統治，以致在思想、制度和生活方式上做強烈又痛苦的改變。⑵亞洲均勢不致發生重大的改變。⑶滿足雙方部分人士追求「大一統情結」的「中國沙文主義」心願，並使中國傳統中「大一統帝國」的觀念能以比較合乎現代思潮的型態，重新呈現世界舞台之上。

本方案到目前為止，還沒有任何人曾公開提倡。其可行性並不算高，至少在現在是如此。也許這只是我在全面研究與思考「台灣問題」時，發現的一項可供「研究」或「討論」的方案而已。不過，這個方案對我個人的悲壯命運曾有相當的影響。因為早在十八年前舉世都在討論「聯合國的中國代表權」時，我曾對友人們表示：⑴聯合國應容納「北京政府」而不排除「台北政府」，使雙方並存於國際社會中。

⑵在未來的適當時機下，雙方才研究是否必須成立一個「大華國協」（「邦聯」或「同盟」）的新國際組合。我這席話，後來在國民黨特務的嚴刑酷打下，我的同學、友人及兄長紛紛因之被羅織入罪，變成我「叛亂」的唯一「證據」，判處我無期徒刑。

四、「國際託管或公決方案」

本方案的主要法理基礎是來自於「台灣地位未定論」。此項理論在一九五〇年代的國際社會中最常被討論和盛行。她的法理依據是「開羅宣言」不是「國際條約」，不具備國際法的拘束力，她只是戰時盟國領袖間的一項「政治意向」宣示，表示希望如何處置戰敗國的看法而已。幾乎各權威國際法學者都認為「開羅宣言」

不是「條約」。因此該「宣言」表示要「將台澎歸還中國」沒有法律效力。隨後，「中國」沒有獲准參加「舊金山和約」，以及其後的「中日和約」中，並未明文規定「日本將台灣主權歸還中國」。該「和約」只寫著：「日本放棄對台灣的主權。」「中日和約」沒有明確規定「日本將台灣主權歸還中國」，並不是締約國雙方的疏失，而是雙方經過數度爭執和堅持，一度甚至要使「和約」流產後，才達成的協議。有關「中日和約」締約過程的歷史性文件都顯示日本在獲得美國的支持下，堅拒承認「日本把台灣交還中國」。最後的折衷條文才形成「日本放棄對台灣的主權」。

由於「開羅宣言」不是「國際條約」，由於「中國」沒有參加「舊金山和約」，由於「中日和約」沒有確定台灣主權的歸屬，台灣的法律地位便處於「未確定」的狀態中。如果「台灣地位未確定」，第二次世界大戰的各戰勝國便有權利參與決定台灣的前途，或同意交給中國，或允其交給聯合國託管，或允許台灣人民自決，或允許恢復一八九五年的「台灣民主」。但是，因為本方案沒有提出具體的最終安排，嚴格說來，它還不算是一個「方案」，充其量只是提供了一個更具彈性的解決台灣問題的法理基礎而已。儘管如此，此項法理基礎，還是不容完全忽視。在美國總統尼克森首次訪問「中華人民共和國」簽署「上海公報」之前（或之後）美國國務院還刻意發表聲明，重申「台灣地位未定」的事實，暗示美國以一個戰時同盟國的身分，有權參與決定台灣的前途。

當然，由於三十幾年來海峽兩岸已有兩個政治實體獨立存在，此項事實已使本方案的適用性和可能性都大大趨減了。如今，她最大的作用與價值乃在於排斥「中華人民共和國」片面要求擁有台灣主權的「主張」了。因為不管是依據國際法的「繼承」或「先佔」的理論，都顯示「中華人民共和國」無權主張「擁有台灣的主權」。理由之一是，「開羅宣言」和「中日和約」都沒有在法律上產生「台灣歸於中國」的效力；其二是：「中華人民共和國」的管轄權自始至今都沒有伸及台灣，連「先佔」的法律要件都不具備。

我對如何突破台灣問題的主張與做法

從前面的陳述中，大家多少已可以了解「台灣問題」對人權與和平的影響，亦可以體會到何以謀求解決「台灣問題」會是如此困難。三十幾年來，不僅兩岸官方的仇恨極深，立場與心態完全迥異，無法協調，同時台灣內部一千七百多萬人民對「台灣問題」也缺乏一致的共識。甚至還有很多人根本就不了解它的切身性和重要性。在這種狀況下，問題自然更難予有所進展了。

在過去三十幾年中，對「台灣問題」世人只聽到兩岸「政府」的聲音和立場。這些充滿火藥味和固執的聲音與立場是否能夠代表兩岸人民的真正意願？似乎沒有受到國際社會應有的注意。如果放任兩岸政府如此對抗、仇視下去，不僅問題不能解決，一場戰禍也許也終難倖免。

歷經近二十年的深思、觀察與研究，我已毫不懷疑地深信要突破「台灣問題」的瓶頸，已不能只仰賴國際強權的協調，更不能再盲目地追隨兩岸領袖的步伐或期待他們的自動覺醒了。我們必須改變方向，直接訴諸兩岸人民的醒悟和力量。換言之，必須設法使兩岸人民崇尚人權、民主與厭戰、反戰的心願有力地發揮出來，去迫使兩岸領袖放棄其幻想。至少也要使他們知道如果輕啟戰端，人民輕則怠戰、罷戰，重則可能趁機起而推翻他們。如能這樣，兩岸的「巨頭」便會受困而不敢或難於發動戰爭。等到情勢冷卻，激情散失，理性抬頭，互尊互諒、共存共榮的觀念在兩岸人民心中形成，兩岸自然會有和解的可能。

這實在是一樁極端重要又嚴肅的問題，它不僅直接影響兩岸數億人民的命運，也和世界和平息息相關。它必須靠兩岸人民共同努力。海的那邊，不是我的能力所能達到的，我只有誓言要在台灣把上述信念付諸實施，設法喚醒在沉睡中的台灣人民一致奮起！（這次蒙難後，在「法務部調查局」，特務們就數次對我說：「你實在是個天生的、少見的社會運動者，一出獄就既能搞組織，又能搞群眾運動。如果你是我們的人，到大陸替我們搞社會運動多好。」謝謝特務的「賞識」。但是大陸的社會運動必須由大陸人民自己去推動，沒有人可以越俎代庖。）

無家可歸的出獄人——現代「李伯」

十八年前，我僅僅懷抱著這種模糊的概念和理想，國民黨政權便把我逮捕起來，囚禁了我十五年。被捕後，我沒有喪志、墮落，更不像絕大多數政治犯那樣，以當「外役」換取部分活動空間和稍好的生活條件，或整天在囚房內下棋、玩牌、聊天。我決心「以失去空間換取更多的苦修時間」。十五年中，我沒有當過一天「外役」，還常常放棄到室外運動的機會，專心苦讀、研究、著作、沉思。在坐牢以前，我只有獻身人權與和平事業的理想，幾乎沒有實現理想的方法、步驟和全盤計劃。在十五年中，我透過苦修使自己俱備了應有的學識；另方面我瞭解不能和社會脫節，我儘量經由合法途徑或「偷渡」方式取得各類報紙、雜誌、書刊，使自己與社會保持「連繫」與「接觸」。由於這樣用心，長年下來，我雖然不能確知外界「誰在做什麼」，但我可以推知大概「有人會做什麼」或「該做什麼」。我對世界大勢及台灣前途非常有方向感。因此，在被囚十五年後，一踏回社會，我不但很快便能適應社會，還能於不到半年中便投身社會運動中，到雲林縣替某位省議員候選人擔任「競選總幹事」，把一場劣勢的選戰扳為大勝。我說過，如果我還能活得夠久，我會把自己極端傳奇的一生，包括極精采的一連串異國戀情，做更詳實的記錄。

兩年半前，當我離開監牢時，我沒有了雙親，沒有家，沒有錢，沒有朋友，除了五位各已成家的兄妹外，這世界對我不屑一顧！但是孑然一身、「戶口牌釘在電火柱」的我，已非當年入獄時的「我」了。我腦中的信仰、理想更加堅定和具體了。我已擁有不義之徒掠奪不了的學識和更成熟的智慧了。尤其珍貴的是，我已在牢中研擬好如何實現理想的方法、步驟和全盤計劃了。這些計劃已不知被我在腦中以「沙盤作戰」方式演練過多少次了。今天我可以毫不後悔、毫不隱瞞地告訴大家，從我擔任「一九七八年全國黨外中央民意代表助選團」總幹事到「美麗島」總經理這段必定會在台灣歷史上產生重大作用的任何行動，全是我在牢中便已大致擬就的！國民黨當權集團企圖毀滅我，史學大儒湯恩比（Toynbee）卻在我坐牢時諄諄「告誡」我：「挑戰是催生文明的必要條件；苦難是奉獻者應付的代價。」國民黨政權的暴虐迫害沒有毀掉我，不義「同志」們的惡行沒有吞噬我，反而把我鍾鍊成鋼！出獄後，我拒絕高薪的工作，寧願拿低薪去幹可以充分傾聽「社會心跳」的新聞記者；我再三婉拒幾位異國戀人「結婚並出國」的要求，決心留在台灣，就是決心要把我的理想與計劃付諸行動。

推動「台灣民主運動」的藍圖

現在，我必須回過頭來扼要地敘述一下我出獄後的觀察心得和牢中便已擬就的計劃。

在牢中我就有了這樣的結論：要突破「台灣問題」的僵局或要促進台灣的人權及維護兩岸和平，就必須喚醒沉睡的台灣人民共同奮起，攜手推動「台灣民主運動」。我確定「台灣民主運動」就是三百年來「台灣民族解放運動」在這個時代背景下應該呈現的風貌。只要「台灣民主運動」能夠成功，人權、民主、自由與和平就不再只是一種口號，台灣民族也能夠得到解放。

我深知任何社會改革運動都必須畫分「階段」。每個「階段」都應有她的特定目標和實現目標的特定手段或方法。前幾天，就在這個所謂「法庭」中，當我承認我是在把「美麗島」做成一個「沒有黨名的黨」時，所謂「審判長」曾經問我：「如果你把『美麗島』搞成為一個『沒有黨名的黨』以後，你想幹什麼？」當時，我唯恐傷害到我的長官與同事們，我做了規避性的回答：「任何政治運動或政治組合，都有它階段性的目標。『美麗島』只要成為一個『沒有黨名的黨』，她的任務便算完成了。至於下一個階段的目標是什麼，必須等到現階段的目標已經完成或即將完成時才會加以研究、磋商、決定。」回到牢房後，我想到這次「審判」也許已是我一生最後一次公開表達的機會了，所以今天我決定面對歷史，正面回答這個問題。但是，我必須先做聲明，我的回答只能適用我個人，不能拿來定其他「美麗島蒙難人」的罪。事實上，連把「美麗島」變成一個「沒有黨名的黨」，在事先我都沒有向我的長官報備，我只是運用我的職權自行默默推動的。換句話說，根本就沒有「意思的連絡」，不能把我的長官和同事視為「共犯」。何況，我的「全盤計劃或構想」，全是以合法行動做基礎，而且仍只是一種「思想」，而「思想無罪」的原則，早在中世紀的「異端裁判所」成為歷史陳跡以後，便已確立。遺憾的是，從本案的所謂「起訴書」中，我處處發現所謂「檢察官」卻對「美麗島蒙難人」的思想橫加審判！這就是為什麼我在做進一步陳述前必須預做聲明的理由。

在「美麗島事件」的所謂「起訴書」中，已嚴重地扭曲了我和「美麗島工作群」的「行為」性質，並惡毒地替我們的行為冠上一頂莫名其妙的「名稱」——「長短程奪權計劃」。其實，所謂「起訴書」中的所謂「長短程奪權計劃」只是我替台灣民主運動所增加的三條新「路線」而已，即：「群眾路線」、「組織化路線」

及「海內外結合路線」。這三條路線才只是我計劃中，如何推動「台灣民主運動」的「第一階段」的「突破期」的特定「路線」或方法罷了，和「奪權」相距十萬八千里！在這裡我得很扼要地分析一下「美麗島時代」降臨以前的台灣情勢。因為我的「計劃」就是建立在這些「情勢分析」之上。我習慣於先研判「情勢」，掌握了狀況才擬定「計劃」。「計劃」也會隨時隨「情勢變遷」而修正。我不是一個刻板或死守教條的人。從前幾天的「對答」中，諸位大概會承認我是個反應敏捷、思緒縝密的人。這大概也就是十八年前國民黨當權派就企圖毀滅我的因素之一。

(一)由於國民黨政權在「二二八抗暴事件」中對台灣人的慘酷屠殺及一九四九年蔣家集團撤退來台後，所掀起的特務恐怖統治，已使台灣人民的反抗精神喪失殆盡，恐懼心理瀰漫了全台灣。父母教育小孩都是：「囝仔人有耳無嘴，有腳瘡（肛門）不會放屁。」三十年來，台灣已徹底是個「寂靜的台灣」。除了國民黨政權刻意要製造的「民主假象」而舉辦的選舉被部分有心的在野人士當做「法律假期」外，平常殊少反對或不同的聲音（敢像基督教長老會那樣發表「人權宣言」已絕無僅有），更完全沒有反對的行動和反抗的組織。因為大家都心存畏懼，而「勇氣」則是改革，特別是反抗獨裁政權最必要的要素之一。

㈡「美麗島時代」

（指從「全國助選團」到「美麗島事件」的一九七八年底到一九七九年底）以前的所謂「黨外運動」，雖然也自稱為「台灣民主運動」，實際上，它只配稱為「競選運動」。因為「民主運動」必須要有組織、有領導、有特定的目標或理想，以及要有持續性的行動和努力。這些，在「美麗島時代」以前的「黨外」中完全不具備。那時，「黨外」根本沒有組織，連一間共有的辦公室都沒有，而且只有

「選舉期間」才有活動。選舉結束，大家一哄而散，「等下次選舉再見！」「黨外政治明星」在當選後，大多很懂得「明哲保身」，絕對不敢搞組織或組黨，以免又淪為「雷震先生第二」；更不敢搞群眾運動，以免被殺頭！因此，「黨外山頭」林立，「公職掛帥主義」蔚為風尚。「黨外」力量完全分散，根本不成氣候。而學者、專家，無格的，一味奉承，做「歌德派」，以圖換來一官半職；有格的，則遠離社會運動，自我封閉於象牙塔中或關緊大門做客廳的清談客。廣大的人民群眾，完全沒有人去開發、組織、領導。頂多辦份隨時可能被查封的雜誌，批評時政已很了不起了。那時，黨外只有一條要死不活的所謂「議會路線」做點綴。沒有人敢否認「美麗島時代」以前的台灣不是如此！

㈢缺乏簡明的、階段性的「奮鬥主題和行動綱領」。「民主運動」和「革命運動」在本質上有很大的差異。但是，即使是自稱在從事「民主運動」的人士往往也很少去思考或注意到這點。「革命」，可以採取任何手段來推翻原政權，除舊佈新。所以，革命可以說是一種「無限量級」的改造運動。我完全同意台灣目前的情勢並不適合也不必要採取革命行動了。在一九六〇年代以前適合；在一九七〇年以前還勉強可以，現在則否。「不適合」，一是中產階級漸多，較不傾向於太劇烈的變革；二是「美中斷交」後，美軍撤離，革命行動勢必使台灣內部出現一段混亂期，沒有美國海空軍維持台海的「中立化」，很容易誘使北京政府進兵台灣。革命，很可能導致台灣淪入中華人民共和國之手。「不必要」，是指國民黨政權已三十幾年拒絕舉行全國性改選，還政於民。台灣人民只要循合法行動迫使國民黨政權還政於民，便能達到「以數人頭代替打破人頭」的民主化目標了。

在一九七〇年代以前，台灣的局部選舉，不管黨內外，大多是些土豪劣紳、財閥、地方「名士」在參與。當時的參與者，黨內候選人是在維護或爭取個人利益。

黨外候選人的政治水平、政治理念的層次都不高，頂多罵罵貪官污吏、黨工黨官，殊少崇高理想與民主理念。

這和恐懼感到處充斥及國民黨的恐怖手段有關。一九七〇年代，特別是「釣魚臺事件」和台北政權被逐出聯合國後，一些有良知的黨內外青年才俊和大學生才紛紛投入選戰，利用選舉的「法律假期」散佈一些民主理念，諸如制衡，並抨擊國民黨政權的種種劣跡惡行並討論到「台灣前途問題」，他們最大的貢獻是奠定了「民主化」的理論體系，這點非常重要，功不可沒。其中對建立民主理念體系貢獻最大的當屬張俊宏、許信良及其夥伴們。但是，恕我不忌諱地說，他們的主張太籠統和繁雜，最大的缺點是沒有界分「階段」並使每個「階段」擁有「主目標」，和「次目標」，以便利追隨者和人民在某個時期或某個階段內共同致力於可以實現的主題。以致大多淪為空砲彈，「很響」卻傷不了國民黨政權。尤其嚴重的是這些才俊們全犯了「書生論政」的大毛病，不能使理念落實，他們根本沒有向追隨者提供「如何做」才能實現諸如「制衡」和「民主」等理想的具體可行的「方法」和「步驟」。大家都只是在「談」、在「論」，而根本沒有人去「做」！其結果是使台灣只有「反對的氣氛」，完全沒有「反對的勢力」。「氣氛」是散漫的、難於控制和支配的。「勢力」固然要以「氣氛」為前導，但是它是要有組織、有領導、有理想、有目標、有步驟、有做法的。所以，「中壢事件」雖然轟動一時，結果還是沒有促成「勢力」。這是因為當時「黨外政治領袖」只是「理想家」、「理論家」，沒有兼具實行家的身分。自古以來，偉大的社會運動家或革命家，都會知道如何做才能把「氣氛」凝聚成「勢力」，然後逐步、逐段地完成其改革或革命的總目標。這種現象，在「美麗島時代」以前，完全沒有出現。

㈣海內外的民主運動或反對派人士，各自為政。在「美麗島時代」以前，島內「黨外人士」之間既沒有橫面的關係也沒有直線的組合，有的只是少數人間的私交或一時的利害結合。島內人士與海外龐大的反對人士或台僑團體更完全沒有經常性的聯繫或結合。頂多是某位「黨外政治明星」到國外訪問時，私下和海外僑團會晤一下，募集一些競選經費而已。像陳菊敢於偷偷地送些訊息、資料給海外，已算很勇敢了。而在蔣家政權隨時可能下殺手的威脅下，如果島內民主運動不和海外台僑團體結合，把部分「火種」保存在海外，平時不能相呼應，危急時只有坐以待斃，完全缺乏奧援，就難於復起和「春風吹又生」。何況海外台僑人才輩出，他（她）們是台灣未來的希望所不能缺乏的。

㈤「台灣民主運動」或「台灣獨立運動」，在「美麗島時代」以前，只是島內籍籍無名的「小運動」，既引不起國際人士的重視，和國際人權或人道機構也完全沒有關係。反倒是一些到台灣來工作或唸書的外國人士比「黨外人士」更熱心要使「台灣民主運動」國際化。只是「黨外人士」不敢，怕國民黨「誤會」。

㈥在「美麗島」之前，黨外運動只有一條黨內外席位比數懸殊極大、軟弱無力的所謂「議會路線」，在任何國家，只要有選舉自然就會有「議會路線」，所以「議會路線」是民主運動的嫡生子。我相信大家都會同意這種說法。但是台灣的情形非常特殊，有三十年來迄今不全面改選的「萬年國會」，還有種種反民主的政策存在。在這些條件的束縛下，僅僅靠「議會路線」是絕對不可能使台灣民主運動有所突破和進展的。我確信除了「議會路線」之外，更需要「組織路線」、「群眾路線」和「海內外結合路線」。但是三十年來，台灣一直「四缺三」，後三條路線始終未出現。台灣民主運動如果要開花結果，絕對需要上述四條路線的出現。

以上六點，是「美麗島時代」以前三十年間，台灣民主化所以會牛步化，沒有可觀成就的重要因素。再加上蔣家政權持久的「鐵血恐怖統治」，「民主運動」便一直停留在要死不活的「競選運動」的老巢中，無法邁入新紀元！

四大「階段」，四條「路線」

依據上述的分析與了解，我便替如何推動「台灣民主運動」，區分為四個「階段」。每個「階段」我都替它定下一定的特徵，表示它的開始和結束，並賦予每個階段某些追求的主題和實踐的方法。這些方法或手段，有時可以快速衝鋒通過，有時要緩緩前進，有時得迂迴，有時還要倒退；有些「手段」在某階段可能是「主手段」，到了另一個階段則可能要放棄；到了另一個階段可能又要變成「主手段」。怎麼做，做什麼，我都在腦中的「沙盤」操練再三過。

現在，我只想很簡單地把我規劃的四個「階段」說明如下：

第一階段：「突破期」

這是「台灣民主運動」最艱難、最危險也最重要的時代。它是個「民主運動」真正的起點，只要能有開始，下去的發展自然會被引發，從而飛越了「不歸點」。這個階段的工作者很可能會淪為烈士或階下囚。但是，烈士之血，革命之花，血和淚絕不會白流白淌。「突破期」最主要的宗旨是：

(A)掃除從「二二八抗暴事件」以來一直籠罩在台灣的恐怖氣氛，鼓舞台灣人民自救的勇氣和犧牲精神。恐怖氣氛不掃除，人民就不敢大量投入「民主運動」中。畏懼是一種極有害民主政治的心理障礙。要排除這種恐怖氣氛，在手段選擇上要大膽，但絕對要守住一項基本原則：「只能向國民黨政權的政治禁忌挑戰，不能向國民黨的法律挑戰。」以免授予當權者下毒手的把柄。這項「原則」，我一直堅守！即使在「高雄事件」中，我仍堅守這項原則！所以，我才敢堅稱自己：「無罪！」

(B)組織一個「沒有黨名的黨」，把「反對氣氛」轉化成「反對勢力」。我認為所謂「黨」，就是「把一群信仰類似的人組織起來，共同追求或致力於某些理想的政治性組合」。「黨」，不一定要稱它為「黨」。在國民黨政權箝制下，一定要把「黨」稱為「什麼黨」，是極端迂腐和膚淺的！而且阻力也大。世界上有太多了不起的「黨」並沒有「黨」的「名」，卻百分之百是「黨」！像「英國勞工黨」的前身「費邊社」，現在的「巴勒斯坦解放陣線」，都不折不扣是「黨」。過去雷震老前輩要組織反對勢力，成立「中國民主黨」，就是一個很不幸的教訓。組織一個「沒有黨名的黨」是我在牢中最珍貴的創意之一。只要能把人組合起來，產生「勢力」的作用，管這個組合叫「公司」、「社」乃至「店」，又何妨？但太多政治人士都喜歡過「乾癮」，非叫「黨」不可。這就是學究的迂腐！要不然就是「大頭病」在作祟！等「事實」既成，國民黨也默默接受了，再改為「黨」，便等於水到渠成。這個過程是一種成熟、穩重的做法，不是恐懼與否的問題。

(C)使「台灣民主運動」國際化。台灣是個海島，地理形勢大有利於獨裁政權的殲滅反對份子。因此必須和海外台僑及國際人權組織建立合作或互通氣息的關係。能這樣，多少能給國民黨政權一點點「心理壓力」，情勢最惡劣時，還可以從國際輿情上得到一些聲援。我也研究過，是否應該安排「第二梯次」或「第三梯次」的接棒人的問題。結果，我發現除非國民黨不下毒手，否則安排多少「梯次」都會被一網打盡。「火種」只有留在海外。

(D)以人權與和平為最高理念。在行動上集中於突破、掃除戕害民主政治，強暴憲政體制的「黨禁」、「報禁」、「戒嚴令」和「萬年國會」等「四大害」。人權與和平是當今世界的主流，「台灣民主運動」以其為總目標，可以使台灣人民的奮鬥與全人類的主流匯合。政治目標集中在「黨禁」、「報禁」、「戒嚴令」和「萬年國會」，使追隨者和一般人民易懂、易記，也能「彰顯」國民黨政權反人權、反民主的本質。一則使國際正義人士鄙視國民黨政權，再則進而同情與支持台灣民主運動，提出太多的「主張」反會使人民難於消化。前幾天，我在所謂「調查庭」和「辯論庭」中，在所謂「審判長」一再說：「這四點你已一再說過了，不要再說了。」的情形下，我所以還要一再強調「黨禁」、「報禁」、「戒嚴令」和「萬年國會」，就是存心要利用這次國內外傳播媒體都在場時，讓世人和國人了解國民黨政權的邪惡本質！只要對「民主運動」有幫助，任何機會我都會利用！在「法務部調查」，我便對特務再三表示：「就是在你們槍斃我時，我還會反身咬你們一口！如果你們把『美麗島』打成叛亂集團，在公審時，我會讓國民黨政權又後悔又難堪！」

在「突破期」中，所使用的手段必須積極、大膽又心細，工作者要有當烈士的心理準備。這個階段的手段一定是以往「黨外人士」連想都不敢想的！我認為在「突破期」應採取三大「手段」或「路線」：

㈠「群眾路線」。群眾路線包括靜態的群眾演講大會，和動態的遊行示威。這個階段的「群眾路線」的主要目標不是要迫使國民黨政權屈服，是要鼓舞台灣人民的勇氣、士氣和補助文宣工作達不到的「宣揚人權、民主和和平」等理念的「死角」。

㈡「組織化路線」。這個階段的「組織化」實際上就是「組黨」，但該「組織」不能大搖大擺掛上「黨名」，那樣太敏感，太尖銳，反而不易被接受。也就是要組織一個「沒有黨名的黨」，求實不求名。

㈢「海內外結合路線」。「台灣民主運動」不能孤立於台灣！應和海外台僑團體和國際人權組織聯合在一起。政客常會排斥異己，使海外台僑及早加盟，才能防止他們將來被島內政客所抵制與排斥。

至於要如何做，才能促成上述理想或目標，則全賴於「領導者」的智慧、才學、技巧和膽識。由於變數太多，不能預估挑戰與因應的細膩方式。大體上，我認為當「沒有黨名的黨」出現，「黨禁政策」便名存實亡；「群眾路線」一旦蔚為風尚，「戒嚴令」便淪為「木乃伊」了。「台灣民主運動」便應儘速邁入第二階段。

第二階段：「紮根期」

政治是一種較量實力的藝術，民主運動不能沒有大量人民做後盾，我預估，在「突破期」之後，國民黨政權不得不採取較開放的政策，否則，它將自取滅亡。但是，只要蔣經國活著一天，他就會掌權一天。他掌權一天，「台灣民主運動」就不可能實現其最終理想——「還政於民」。強人在，民主亡。這是歷史鐵則。蔣經國可以製造安定，卻不能帶來真正的民主政治體制。但是，天下沒有不死的強人，蔣經國自然有去世的一天。由於蔣氏父子已經營台灣三十年，不僅有槍桿子支持，黨、政、經、教育，以及從中央到地方，都在其牢牢掌握之中。如果我們盼望在蔣經國在世時實現「還政於民」，絕對是幻想！所以，民主運動在「突破期」後，應採取「退縮政策」，儘量減少「群眾運動」，尤其是動態的群眾運動（遊行示威），轉而把大部分心力投入「紮根」工作之中。不要把精力、智慧、財力，虛擲在群眾運動或競選運動中。「在野團體」在這個階段的主要目標應是向中下階層生根，厚植黨的實力，使黨成為一個「勞動者的黨，平民的黨，奉獻者的黨」，以迎接「第三階段」最嚴酷的考驗和挑戰。「紮根期」的成敗，不僅決定「台灣民主運動」的存亡，更會影響台灣後代子子孫孫的命運！

在「紮根期」中，我比較不擔心國民黨政權的反撲（雖然「反撲」的危險始終存在），我更擔心的是「在野團體」本身。由於「黨外人士」的多年惡習和台灣人的劣根性，在「突破期」之後的較開放氣氛下，這些弱點很可能更形暴露，終至誤導了「在野團體」的方針，不能在蔣經國去世前，做好應變的準備工作。

我最擔心的，有四點：

第一、「競選主義」再度掛帥。「美麗島政團」的歷史性貢獻之一，便是把黨外一直奉為圭臬的「競選運動」、「公職掛帥」拋棄，轉為真正的「民主運動」——不是為求當選公職才參與社會運動。我不否認「競選運動」有它一定的作用，如利用競選期做教化及啟迪民智的工作，當選後又可把議會當講台，從事議會鬥爭。但是，這些功能在有了「群眾運動」之後，都能被「群眾運動」所取代，且收效更宏大。「競選運動」的缺點，則很嚴重。「公職掛帥主義」是其一。「公職人員」當選後，往往「明哲保身」，專注於個人利益，忽視「民主運動」的理想，擺出一付「理性」參政的政客模樣，誤導民主運動。「人人想當選，頭頭爭出頭」是其二。其結果是內部分裂，派系林立，疏於紮根工作。一旦「公職掛帥主義」及「黨外政治明星壟斷制」又恢復，「在野黨」中，「公職」與「非公職」的矛盾與對立便會產生。貌合神離的「在野黨」不是淪為「政客黨」，便是分裂。倘若這種現象出現，我要求沒有蒙難的新生代勇敢地站起來捍衛民主運動的清純！

不能讓職業政客把持民主運動的方向盤，使在野黨變成「政客黨」！

第二、黨的本質問題。台灣現在究竟需要一個什麼樣的「在野黨」？國民黨是以蔣氏父子先後為「教父」，糾合高級黨工、高級將領、財閥、特務所組成的。她主要是個「上流社會」、「既得權利者」和資本家或資方的「黨」。台灣現在迫切需要的是一個能代表「勞動者、一般平民和其他中下階層」的「黨」。如果「在野團體」不能體會到這點，而致力於一個華而不實的「黨」，她勢必無法在蔣經國去世後，承擔其歷史任務。史家湯恩比說：「任何有意義的改革都是來自下，而非來自於上的。因為下階層的人，不會像上階層的人那樣容易受到學院式的觀念所拘囿。」中下階層永遠是改革的先鋒隊，革命的敢死隊。

第三、急進主義難於控制或收斂。在「群眾路線」下被喚醒或激發的勇氣或反抗意識，很可能使「在野團體」的黨工或支持者過度膨脹自己的實力，迷信「群眾運動」是改革的萬靈丹。加上「競選主義」下只要敢講「大聲話」便能吸引「黨外鐵票」而告當選的觀念，很可能使「在野團體」不知在第二階段內稍事收斂，反而更急進。急進主義不僅會使紮根工作大受阻礙，也很可能誘使國民黨政權在恐懼下採取「自衛過度」的反撲行動。如果台灣沒有中華人民共和國的隱憂，群眾路線還不失為一項有力的「武器」。只是，我們不該拿台灣命運做賭注。我們寧可緩一點，但不能誘來中共。事實上，在「美麗島事件」前的最後一次「五人小組」會議中，我已提出警告，中下級幹部的急進傾向很可能扼死「美麗島」。當時我在向我的同仁們做完理論分析後，還提出解決之道。這部分由於涉及不利於他人，今天我不說。我只願說，當時，我建議使「美麗島」提前進入民主運動的「第二階段」。「五人小組」也同意了。

第四、領導中心無法形成。我永遠都確信：「最壞的領導也勝於沒有領導。」

歷史上沒有一次有意義的社會運動是在「沒有領導中心」下成功的。這個「領導中心」可以是一個「個人」或「一小組人」。其特色是要能做持久又有力的領導。不幸的是，「台灣人」普遍都存在著一種劣根性，「一盤魚仔全全頭」。人人都想當頭，誰都不服誰。為了自己當頭，不是爭破頭，便是過早援引「民主原則」，限制「領導人」的任期。我同意「領導人」應經「民主程序」由「在野團體」的「全體代表大會」中以直接、公正的方式產生，以便俱備深厚的權力基礎。但任期應長，又不必限制連任。「民主運動團體」不是執政黨，穩定持續的領導人和領導中心組合，絕對必要！國民黨政權所以能控制台灣三十年，主因之一是它有個堅定的「領導中心」。如果國民黨政權內部不斷奪權，它便早已完蛋了。「台灣民主運動者」應有此項覺悟並要對歷史負責！

在「紮根期」中，參選仍然必要，但絕不應是「在野團體」最重要的課題。

因為在國會全面改選、國家元首直接民選以前，「選舉」與「議會路線」都只是「手段」之一，不是「目的」，更不可能經由這條途徑改善「台灣人」的地位和解決「台灣問題」。在這個階段內，「在野團體」應全力做好下列幾點：

㈠吸收黨員。吸收黨員時應注意國民黨特務的滲透。我們不能有「罵國民黨的人」和「政治犯」便是好人的錯覺！特務要滲透「在野團體」必然表現得很「積極」，「很敢」；而所謂「政治犯」，在人格、品德、才學上都有天淵之別。有不少人在獄中打「小報告」，出獄後又替國民黨當「線民」。我常說，在國民黨統治下的政治犯，「個個可憐，但不是個個可敬！」不要把「可憐」誤為「可敬」。「在野團體」應採取「入黨從嚴，黨內民主」的原則，不具備黨內投票權的「預備黨員」，條件可以稍寬。

㈡訓練黨工。專業黨工非常重要。黨工必須精選、訓練並嚴加考核。黨工是黨的尖兵，必須優秀。

㈢組織黨部。黨部必須深入到鄉村、里的階層。嚴密、深入的組織必要時動員的指揮所。

㈣政見或主張應落實中下階層的實際利益。在第一階段，訴求主題往往層次很高，對群眾和中下階級未必有切身的感覺。「紮根期」內，不能再像「突破期」那樣只重視「啟迪民智」，應更重視「傾聽民願」！一定要使中下階層產生「這才是我們的黨」的感覺。

㈤建立黨的倫理。這是黨能否團結的要素之一。「尊敬前輩，支持中堅，提拔新生代」應是黨的倫理基礎。表現於行動上的則應是：「對長官盡忠；對同事盡義；對部屬盡愛」。

㈥黨的權力分配應注意均勻。為了防止黨淪為個人或政客的工具，黨各級幹部的比例應予限制。如「公職人士」在「中常會」中，不能超過四分之一；「海外黨部人士」應給予四分之一或五分之一的保障名額，以促進海外僑胞的向心力與參與感。但是，為了紮根，所謂「公職人員」應不包括縣市議員以下的民意代表和鄉鎮長。

(七)成立「返鄉紮根團」。「黨外」許多優秀青年在畢業後，大多留在大都市或從事文宣工作。「黨」應鼓勵與補助這些青年返鄉紮根，以服務家鄉爭取支持。縣市議員和鄉鎮長、鄉民代表等職位雖不醒目，卻是和人民關係最密切的職位。「在野團體」如果在「紮根期」能組成五百人以上的「返鄉紮根團員」，不出五年，實力將極驚人。

第三階段：「合作期或對抗期」

「台灣民主運動」的「第三階段」，不僅關係「民主運動」的成敗，也可能是決定台灣命運的時刻。「第三階段」何時到來，無法預估。但是它有個極明確的特徵，那就是，「蔣經國死亡之日」，便立刻進入「第三階段」了。

蔣經國的死亡必然會影響到整個台灣政局。不管蔣經國在生前做了什麼「妥當安排」，那個「安排」在他去世後都可能會受到黨內外的挑戰。「承繼人」不管是「個人領導」或「集體領導」都無法如蔣介石和蔣經國在世時，那樣能一言九鼎和控制全局。因為「權力可以移交，威望無法承繼」。（按：此語出自彭明敏教授）除非真正的法治體制能在蔣氏生前出現，並獲得一致的尊重，否則國民黨政權在失去其長期賴以安定的「教父」之後，國民黨內部必定會引發難於預估的變化！這些變化，從「集體領導」、「新強人出現」、「內鬥、分裂」、「軍事統治」到「引中共犯台」，都有可能！

「台灣民主運動者」能否應付這個變局，完全取決於在「紮根期」的成就而定。如果根紮實，黨團結，黨魁睿智，黨工發展得健全又有力，此時便可能與執政黨合組「聯合政府」，共赴國難，以和平、理性和民主方式使國家進入「第四階段」的「還政於民」。否則，「在野團體」便可能任人宰割或坐視良機喪失。「台灣民主運動者」應把眼光放大，不要只耽溺於「競選運動」，爭什麼「立委」、「監委」、「縣長」、「議員」等公職，更不要在黨內爭權奪位。一個小小的「在野團體」有什麼權好爭的？倘若大家都能心存「爭千秋，不爭一時」的胸襟，努力使「黨」成為一個深獲民心，強而有力的「在野黨」，屆時不管是「合作」是「對抗」，都能處於既主動又有利的地位。一個健全的、有領導的在野黨，對國家和國民黨都會有利。對國民黨而言，它可以得到一個能與之溝通，協調的對象，而不必面對一群具有爆炸性、無法駕馭的「散兵游勇」。後者會使情勢陷入難於控制的局面，增加了「第三階段」的破壞力、殺傷力和危險性。台灣民主運動已發展到「美麗島時代」，國民黨如果還要死抱住「黨禁」不放，不但不智，而且近乎是一種自殺行為。

今天，我要提前敬告軍人、警察及情治人員等武裝人士，當那天到來時，各位請以國家與人民的公益為中心，應超然地保持中立，不要介入黨爭，避免干政，全力防範中華人民共和國趁機侵犯台灣。若能如此，武裝人士必獲朝野及全民的尊敬。倘若武裝人士企圖搞政變，企圖軍管，必然會淪為歷史罪人，而且可能死無葬身之地！武裝人士必須了解客觀和主觀情勢，不要高估了自己的「力量」。此時此地已不是一九四九年的大陸時代，將領們可以率「子弟兵」據地稱雄了。「大陸將，台灣兵」。大陸籍的將領一旦搞政變，搞軍管，台灣兵會不會支持？會不會反正，軍頭們要正確評估。平常凜於軍令，兵只有「服從」。動亂時，兵手中的槍可比將領的「指揮棒」更有「權威」和「作用」！

為了國家與人民，我盼望當那天來臨時，雙方都應自制，都不要輕舉妄動，以免一方評估錯誤採取了「防衛過當」的反應，引發動亂。朝野雙方應理智地以「合作」替代「對抗」！則國家與人民便有福了。

第四階段：「成功期」

如果在「第三階段」，朝野雙方採取合作，共赴國難，台灣就能進入真正「國是決之於公意」的憲政正軌，還政於民。一個由全民選舉的國家元首和憲政體制就會帶領全國人民邁入光輝的二十一世紀！

在這裡，我要提醒所有獻身民主運動的人士們，我們在政治信仰和民主理念上固然有異於國民黨當權派，但是這不能證明我們的信仰和理念就是絕對正確的。我們不是摩西，更不是上帝。我們只有宣揚信仰和理念的權利，沒有判決對錯的權利！民主主義有一項至高無上的「原則」：「國是決之於公意」。我們奮鬥的最後目標就是要促成這項「原則」的實施而已！屆時，是否應修改憲法？是否另訂憲法？是否更改「國名」？以及「台灣問題」的歸屬——「和中共統一」？「維持光復大陸路線」？或「台灣獨立」？等等，都只能經過和平的、公正的「全民投票」來決定。人民的公決才是最高及最後的裁決！你我及所有人都得接受那項「裁決」，不管我們是否歡迎那項「裁決」。

以上是我在一九七八年擔任「全國黨外中央民意代表助選團」總幹事以前便已擬妥的「台灣民主運動方略」的概要。今天我的生命可能已走到盡頭了，我不得不說出來，供後繼者參考。

台灣現代史的里程碑——「美麗島政團」

一九七八年底的「中央民意代表選舉」和黃信介先生，對我個人施展抱負，及對「台灣民主運動」都極重要。這是個開端，「台灣民主運動」自此進入一個新時代。我個人也得到一個良機從事如下工作：

一、組織一個「沒有黨名的黨」

一九七八年十月，我出獄才一年四個月，但已經歷不少事了。當過某省議員的「競選總幹事」、新聞記者，也發表「增設中央第四國會芻議」，並因此差點被捕。幸好在那段時間以前，我已擁有數位外國籍的紅粉知己，艾琳達是其中之一。她當時是史坦福大學博士候選人。在被捕危機聲中，她是毅然要求下嫁的兩位美籍女學生之一。娶艾琳達為妻，對我一生的影響極大。她不但在感情上滋潤我，在生活上供應我，使我不匱缺乏可以義務為民主運動獻身；她更在工作上成為我不可缺少的助手。

前年（一九七八年）十月，黃信介先生決心要成立一個「巡迴助選團」協助「黨外候選人」。由於早一年（一九七七年）在地方公職選戰中，「黨外」的勝利和「中壢事件」，這次選舉有不少優秀份子投入選戰，姚嘉文、陳鼓應、黃煌雄、陳婉真、呂秀蓮、王拓、楊青矗、劉峰松、及老將黃順興、康寧祥、張春男、黃天福等。黃信介先生幾經考慮，最後決定指派我擔任「助選團」的執行秘書兼總幹事。

我建議應設立固定的「總部」等等事項。信介先生毫無異議地便全權委託我按自己的計劃進行。於是，我們就把那次選舉轉變成「一個沒有黨名的黨」，並以「人權」和「和平」為競選主題。不幸選舉正朝勝利途中大躍進時，「美中建交」，蔣經國下令中止選舉。

選舉中止，「助選團」自然不能存在了。所有黨外人士又懶散下來了，但我不肯就此放棄成立一個「沒有黨名的黨」，我到處遊說，一再碰壁。最後總算說服黃信介、黃順興、張俊宏、林義雄等民意代表，在台北市仁愛路（即以後「美麗島」的社址）成立一個「黨外民意代表聯合辦事處」，又稱「黨外總部」。隨後，辦「美麗島雜誌社」，我也悄悄地放棄以往黨外「為辦雜誌而辦雜誌」的老習慣，把「美麗島」當做一個「黨」來組織各縣市的「服務處」和「基金會」。三十年來，台灣第一個「沒有黨名的黨」就這樣悄悄地誕生了。「五人小組」也在黃信介先生的推薦下變成「黨外的決策小組」。「黨禁政策」已被我們突破了一個大窟窿了。

二、推動「群眾路線」

「群眾路線」早已是我處心積慮要推展的。當然我了解要有適當的機會才能施展。一九七八年二月，國民黨逮捕前高雄縣長余登發父子。當天，我立刻以「助選團」總幹事身分邀集重要黨外人士聚會。在桃園縣長許信良全力支持下，我策畫並擔任總指揮，在翌日發動了「戰後台灣第一次遊行示威」。這次「遊行示威」的詳情，我寫了一篇叫「台灣民主運動劃時代的一天」，發表於《美麗島》第四期。這是台灣「群眾運動」的濫觴。從那次到這次的「高雄世界人權日紀念大會」的歷次遊行示威及群眾演講大會，都全由我公開或幕後擔任「總指揮」或「總策畫人」。國民黨當權派或反對「群眾運動」的人士可以斥罵我是「戰後台灣群眾運動」

的「始作俑者」。但是我深信，未來的史家一定會對我首倡「群眾運動」而給予我應有的評價。在過去一年中，由於我們舉行了一連串遊行示威和群眾大會，國民黨違憲的「戒嚴令」已受到了致命的打擊和挑戰！誠如女作家曾心儀小姐在參加第一次遊行示威後對我說的：「國民黨的『戒嚴令』已不再是處女了。我們已強暴了這個三十歲的老處女了！」（參閱拙文〈台灣民主運動劃時代的一天〉）。

三、建立海內外合作推動台灣民主運動的「第一條熱線」

在推動海內外聯合的任務上，「紐約台灣之音」負責人張楊宜宜女士應居首功。因為是她在我擔任「助選團」總幹事時，主動以越洋電話和我聯繫的。以後一年來，她籌募經費保持這條「熱線」暢通無阻。使「台灣民主運動」能立即得到海外台僑團體的合作與聲援。海內外大結合，完全肇端於此。今天我要在此公開向宜宜女士及過去一年中毫不保留支持「美麗島」的旅居各國的台灣同鄉會及台僑社團和全體台僑致謝與告別！您們對台灣民主運動的無私奉獻和貢獻，不但贏得了我個人的尊敬，也必定會獲得台灣歷史的肯定的。現在，我們暫時把棒子交給您們了！

四、使台灣人權運動成為國際人權運動的一環

人權運動是我個人最醉心的工作之一，更是我的妻子艾琳達傾力推動的主題。自婚後，我們夫婦就籌謀要成立一個台灣人權機構。艾琳達更不時自費印發一些有關國際人權狀況的資料給各界人士，以促使大家重視人權問題。由於她和陳菊

是莫逆之交，她們兩人更常常搜集台灣的人權資料寄給各國際人權組織，促其重視台灣的人權狀況。我們的努力終於在「高雄事件」前夕贏得「國際人權聯盟」的重視，邀請我擔任該組織「台灣工作中心」主任。「高雄事件」當夜，艾琳達以越洋電話向「國際人權聯盟」聯絡人報告我們正以遊行和演說大會紀念「世界人權日」時，對方很驚訝地表示：「在法西斯政權統治下的台灣人民也敢遊行示威了!?」艾琳達繼之說：「『國際人權聯盟台灣工作中心』的旗幟也在遊行行列中。」對方很高興地說：「這是『國際人權聯盟』的光榮，祝你們成功！」艾琳達在台灣播種「人權種籽」及推動人權工作是大家有目共睹的。張春男先生曾說過：「將來台灣如果要豎立『人權女神像』，應該以艾琳達為模特兒。」

琳達！妳聽到這句話沒有？琳達，再見啦！不管上天堂或下地獄，我都會以擁有妳這位妻子為榮！我愛妳！

以上四大項工作，在過去幾天的「法庭」中，我都曾零零碎碎的承認了，現在只是比較有系統的陳述而已。我就是這樣有計劃地把我的思想與信仰跟社會運動結合起來。期盼經由和平的、漸進的方式，循人民而非官方的途徑來突破「台灣問題」的僵局，並實現我追求人權與和平的一貫理想。我預期這種努力將會喚醒沉睡的台灣人民，使「寂靜的台灣」變成「活潑的台灣」。我也預期這項努力將感染中國大陸人民做同樣的奉獻。如果兩岸人民都能致力於民主化運動，兩岸和平便可望長期維持下去，人權狀況也將逐漸提昇。

「美麗島精神」永遠不死

在我繼續我的「最後陳述」前，我得利用這個可能是「最後的機會」，向「美麗島」的長官及全體同仁表示由衷的謝意和敬意。

今天，已不是一個個人英雄主義的時代。社會運動也不是依賴一個人的力量和智慧便能成功的。我非常幸運，在我出獄不到半年，便有幸結識黃信介先生。如果沒有信介先生的充分授權及絕對的信任，我絕對不可能在短短一年兩個月之中，做了這麼多事。我永遠會把授命擔任「全國黨外中央民意代表助選團」執行秘書那天，信介先生所說所做的銘刻於心。那天信介先生對我說：「……民主運動是傻人才會做的事。我已是『終身職立法委員』了，我已不可能從民主運動中得到任何利益了。我只是想盡一個台灣人的義務。……。『助選團』不要設『團長』和『秘書長』，以免別人眼紅，說我們好做官。我們認真來做點事。我就稱做『總聯絡人』，請你當『執行秘書』。我把私章和銀行存摺全交給你。該花多少錢，就花。我完全信任你。凡是你決定的事，我都一定支持。我知道ＸＸＸ、ＸＸＸ在攻擊你，不要理他們。你放手去做，不要怕。……你解決不了的，才來找我。……。」沒有人會是十全十美的。我希望在背後批評信介先生的人了解，信介先生也有他非常可敬的一面！他絕對是締造「美麗島時代」不可或缺的人物之一！

但是，信介先生，很抱歉，我連累您蒙難了。

有幾位人士是我今天必須特別向他們致敬和告別的。這幾位便是「美麗島時代」最主要的共同締造者「五人小組」的其他四位成員：林義雄律師、姚嘉文律師、張俊宏議員和許信良縣長。我對他們的敬意和謝意都是最高和永恆的。他們常常給我適切的指示和忠言，而且毫不保留地支持我的工作。尤其他們洋溢的同志愛，值得未來「台灣民主運動」的所有接棒人學習。今天我要提一件往事。自我出任「助選團」總幹事後，我知道「古拉格群島」的大門已為我完全開啟了。我不心存僥倖。在「高雄事件」前三個多月，國民黨當局曾透過某位「黨外立委」要義雄兄警告我，不得再和海外台僑團體聯合掛勾，否則就要逮捕我。義雄兄獲悉後極焦慮，要求當夜在姚律師家召開「五人小組」會議。會中，「五人小組」卻一致支持我未事先報備便執行的「海內外結合路線」，並正式授權我主持該項任務。然後，義雄兄說了一段幾乎令我淚下的話：「……如果國民黨捉了我，台灣民主運動不會受影響。抓了嘉文或俊宏或信良，也不會有影響。就是抓了我們四個人，只留下 Nori（指我），台灣民主運動還是能繼續發展，Nori 還會有能力很快把我們全救出來。但是，如果 Nori 被抓了，我們四個人都會束手無策。台灣民主運動便會倒退到『助選團』以前的老樣子，得好幾年才能恢復今天這樣好的氣勢。我們必須傾全力保護 Nori 的安全……。」「高雄事件」發生後，蔣經國下令大肆捉拿「美麗島工作群」，流亡美國的許信良和台僑們的悲憤、關切之情，可以從他們立刻宣佈成立「台灣建國聯合陣線」的宣言中充分體會。「美麗島政團」所以能夠在短短一年中，替台灣歷史豎起一座歷史性的里程碑，絕對不是偶然的！沒有同志愛的政治組合，只會是「政客俱樂部」。我希望未來的史家在回顧「美麗島時代」時，能夠注意到「美麗島工作群」的義心俠情！這份義心俠情應該被承傳下去，並成為台灣民族的特性之一。

我當然更要立正向在我避難期間，捨身庇護我的所有義人們深致最虔誠、恭謹的敬意。他們的義行，已使台灣歷史有了最驕傲的記錄。

最後，我還要向從「助選團」到「美麗島」和我並肩奮鬥的海內外全體同仁，尤其是因為「高雄事件」而蒙難的人士及其家屬，說幾句話。「聖經」上說：「一粒麥子不落地，它永遠只是一粒麥子。如果它落地死亡了，便會結十倍、百倍的麥子。」過去一年多來，我們在最險惡的環境下，冒險推動台灣民主運動，為促進台灣的人權、自由、民主與兩岸和平而獻身，縱然因之殺身成仁，也算是死得其所，死得其時！讓我們都抬起頭，挺起胸。傲立而亡，比屈膝求活更尊嚴！讓我們給後繼者、給後代子孫一個榜樣！「美麗島精神萬歲！」

形成「中華民國模式的台灣獨立」的人際背景

在我扼要陳述了我們如何推動「台灣民主運動」之後，我必須把話題拉回到主題：「台灣問題」。

前面我已說過，「台灣問題」所以難於處理，不僅是因為兩岸官方的立場差異太大，也因為兩岸官民之間缺乏共識。兩岸官方的立場既然一時無法調和，唯有循人民途徑，也就是應運用「台灣民主運動」謀求突破。要循人民途徑解決，首先的工作就是要大膽冒犯三十年來不准人民討論或質疑的「反攻大陸」、「消滅共匪」的所謂「基本國策」的禁忌。這項禁忌曾經導致無數人被囚入「政治犯集中營」中。《自由中國雜誌》的主持人雷震老先生便是最著名的受害人之一。雷大師因為「散佈反攻無望論」入獄十年！但是，追求真理必須前仆後繼。我們不能因為雷大師的蒙難而畏縮不前，反而應繼承他的遺志，更努力地要求重新檢討「國策」與研擬一項可供官民共同接受的新國策或共識。

三十年來，國民黨政權對「台灣問題」（或「兩岸問題」）的立場是「反攻大陸」、「消滅共匪」。這項「反攻大陸」的所謂「國策」，是不是一千七百萬台灣人民的共識？從「德國模式」、「新加坡模式」的提倡，以及海內外各階層台灣人民公開或私下地推動「台灣獨立」，便可以知道它不是全體台灣人民的共識。如果黨內外再不儘速取得一項共識或諒解，不僅台灣問題得不到合理解決，台灣內部也終會因紛爭而導致流血慘劇。基於這項考慮，我才於「調查庭」中首度公開提出「中華民國模式的台灣獨立」的構想。三十年來，沒有人敢在台灣的傳播媒體之前公然表示他贊成「台灣獨立」，更不敢在「法庭」的「死刑」威脅下這樣表白。我不是比別人勇敢，而是我深信這是個遲早終要面對它的主題。與其大家悶在心底各懷心機，不如利用這次「大審」的機會，公公然然地討論它！為了使大家能夠深入檢討這項「新構想」，我覺得有必要在今天以最坦率，最不忌諱的態度剖析台灣內部的人際結構。只有真正了解這個結構體每一個份子的背景與願望，並相互加以忍讓、體諒，共識才能建立，團結才有基礎，力量才能凝聚，衝突才可望避免。

台灣，也像任何地區一樣，存在著多種矛盾，其中也少不了有所謂階級矛盾。但是，就「海峽兩岸的分合問題」或「台灣問題」而言，則以「地域矛盾」或「種族矛盾」（大陸人與台灣人的矛盾）和「統治者與被統治者的矛盾」這兩大矛盾的關係最為密切。把這兩大矛盾合併起來分析，勉強便可以稱為「台灣內部人際組合的矛盾」。現在，我就要從這個觀念來分析。

今天，「中華民國」或「台灣」這個政治實體，其人際組合可分為三大類：一、一千五百多萬的「台灣人」；二、近兩百萬的「大陸人」；三、極少數長期掌握統治權力的「國民黨當權集團」（包括一小撮「御用台灣人」）。這三者由於歷史因素或現實利益背景的不同，對「台灣問題」的主張和立場自然也有差異。如果我們決心探討真理，我們就不能不虛心承認有此差異，然後才可望解決問題。

「台灣悲劇」——台灣人寧做小國的主人，不做大國的奴隸

絕大多數的「台灣人」對如何解決「台灣問題」，絕不贊成「反攻大陸」，而是傾向「台灣獨立」。台灣人對中國大陸人民沒有仇恨，對中國共產黨只有恐懼。台灣人從不想傷害或統治大陸人民。（多年來，國民黨統治集團及其御用文人，為了誘使台灣人為其「反攻大陸」神話賣命，竟不斷對台灣人洗腦：「反攻大陸成功後，台灣人都可到大陸當官，發大財。」這種論調如果不幸成真，那是叫「台灣人」去欺凌、剝削大陸人民！散佈這種思想，不只可恥，而且可惡！）

台灣人為什麼會傾向「台灣獨立」是有其歷史淵源和慘痛教訓的。

台灣三百餘年來的歷史，是一部慘不忍睹的記錄。有人稱台灣是「亞細亞孤兒」，我同意。但是，我比較喜歡形容她是一齣「台灣悲劇」。因為她的辛酸血淚綿亙三百餘年，一再重演，像一齣永不落幕的連續劇。任何頭腦清晰，不會因統治者給予些許殘羹便陶然忘我的台灣人，都不會忘記下列這個簡單年表所蘊藏的血淚事實：

——一六二四年，荷蘭正式宣稱擁有台灣主權。台灣人自此淪為殖民地人民。

——一六二六年，西班牙佔領台灣北部，與荷蘭瓜分了台灣。十年後，被荷蘭驅逐。

——一六六一年，在中國抗清戰爭中失利的鄭成功集團，武力奪取了台灣，開始對台灣人採取「漢化政策」。

——一六八三年，鄭氏後裔降清，其遺族和追隨者全部被遣返中國內陸。清政府繼任為台灣的統治者。清政府厲行「封山海禁」，禁止大陸人民移民台灣，長達一百九十年。清政府一方面在台灣繼續推行「漢化政策」，一方面視台灣人為「化外之民」。

——一八九五年，中日甲午戰爭後，戰敗的中國出賣台灣，求和自保。台灣人民宣佈成立亞洲第一個民主共和國「台灣民主國」，以期自救。台灣人民與日軍血戰數月，兵敗。「台灣民主國」國亡。台灣人民淪為亡國奴。

——一九四五年，第二次大戰的勝利國中國國民政府，從日本手中取得軍事佔領權迄今。

各位，就是這樣，台灣人在三百五十年中已六次更換外來統治者。最令台灣人痛心的是：沒有一次主權的遞嬗，曾經在事前或事後徵求過台灣人民的同意。不是赤裸裸的武力征服，便是被當做區域強權交易的犧牲品。文明人類所享有的民族自決及基本人權，台灣人民迄今從未享有。我們台灣人就像棄婦，像無依的孤兒，像在風雨中飽受蹂躪的殘花敗柳！這，就是為什麼台灣民謠會是那麼悽愴、哀怨、如泣如訴的原因！各位，我不想再在這裡詳述三百多年來，台灣人民在政治、經濟、社會和文化等等領域中慘遭歧視、壓迫、屠殺、剝削的種種細節，以免我當庭嚎啕大哭。在某種情形下，我是相當感性的人。

從這齣已經連續上演了三個半世紀的「台灣悲劇」中，清醒的台灣人都已領悟了一項真理：

——做小國的主人遠勝於做大國的奴隸！

權力真的就是真理嗎？

「美麗島事件」發生後，國民黨統治階層有計劃地渲染、全力醜化我們，刻意煽起一場政治大風暴，企圖一舉鎮壓台灣人的自救意識，以鞏固自己的統治地位。（其中，有些人則是利用「美麗島事件」做為他們在國民黨內奪權和排除異己的工具。）毫無疑問的，「美麗島事件」已被當權者巧妙地用於實現了他們「以法律手段達成政治目的」的陰謀了。但是，這樣做公平嗎？會有益於一千七百萬現代台灣人民嗎？當權者顯然缺乏智慧做長遠的深思，更沒有考慮到這樣做可能使「美麗島精神」和「美麗島之聲」經由「軍法大審」散佈到海峽兩岸及全世界每一個有台灣人僑居的角落！當權者可能不只是弄巧成拙，而且是在飲鴆止渴！未來台灣政局的發展，將會證明我今天所做的預言。台灣民主運動已越過「不歸點」了，她必然會再向前衝刺，無人能擋。

當權者很顯然地是太迷信「謊言說一百次便成真理」，也太迷戀「槍桿子保政權」了。他們認為只要扭曲了「高雄世界人權日紀念大會事件」，便可以欺瞞台灣人的耳目。他們認為把「美麗島同仁」及散居在海外以十萬計的台灣知識份子拯救台灣的行為加以醜化，便能「淨化」台灣人心。他們認為搬出幾個御用台灣人來羞辱「台獨份子」，便能證明台灣人反對「台灣獨立」，支持「反攻大陸」，衷心擁護他們。（這種「以台制台」的招術已不是新招了。日據時代日本人已用得太多次了。）他們認為宣稱凡是主張「台灣獨立」，便是「數典忘祖」，便可以使台灣人心甘情願地永遠接受其統治、奴役。（如果做順民，默默地供其驅使，才不算「數典忘祖」，他們豈不是等於公開對台灣人自居為「祖輩」，而把台灣人貶為他們的「兒孫輩」？豈有此理，莫甚於此！）他們亦認為只要使全國人民震撼於「美麗島事件」，便可以使台灣人忽視了「美麗島事件」其實只是「台灣悲劇」這齣連續劇中，必然會出現的另一次高潮而已！

但是，不管當權者的御用辯士如何舌銳，文士如何筆利，武士如何凶悍，縱然能使台灣人暫時耳聾、目眩、顫抖，卻無法從台灣人的心靈深處驅除「台灣悲劇」的惡魔！也絕對不可能使台灣人忘記自己永遠是一群被統治者的悽涼事實！

各位，不管你們對「台灣獨立」的立場是贊成、反對或中立，都請設身處地地替台灣人想想，我們台灣人所背負的歷史教訓是何等沉重、悲慟！我們台灣人能不一波又一波，一代又一代，前仆後繼地追求我們的基本人權，誓死要掙脫所有外來統治者的枷鎖嗎？我們應該容忍我們世世代代的子孫永遠生而為被統治者嗎？

歷代台灣子民這樣奉獻，這樣追求，這樣奮鬥，難道錯了!?難道有罪!?

各位，當審判「美麗島人士」、「二二八抗暴志士」、「噍吧哖烈士」……的歷史劇，一幕幕在台灣上演時，是否曾經有人注意到三個半世紀以來，有多少直接或間接參與了在台灣厲行其帝國主義政策或殖民地體制，殘酷地編製了「台灣悲劇」的「統治者被告」，並沒有和我們這些「被統治者被告」一起到庭受審！

難道權力真的就是真理嗎？有了權力就可以顛倒是非，壟斷真理嗎!?

「大陸人」陷於窘境中

身為一個世界公民的認同者，國際法的信服者，我永不會淪於狹隘的地域主義或排他意識之中。我是早就把台灣一千七百多萬人民視為一個整體了，如同兄弟姊妹，不分「大陸人」和「台灣人」。此刻，我所以特別要標示「大陸人」，只是為了便於說明與討論。

今天台灣人民中的「大陸人」，很像三百年前的鄭成功集團的追隨者。在一九五〇年代和六〇年代裡，由於在中國大陸上的血戰記憶猶新，傷口未癒，其心態也幾乎和當年鄭成功的追隨者完全一樣，充滿孤臣孽子的悲憤。但是經過了在台灣三十年的生活，特別是老人逐漸凋謝，新生代已慢慢成長後，對台灣的依賴日深，對大陸的疏離相對地也益明朗了。上一代的仇恨也逐漸淡薄了。台灣，在他們心目中已不再是個旅居之地，而是要生根、落葉的芳土了。同時，由於三十年和「台灣人」雜處交流的結果，早期的優越感和統治者意識也大部分消失了。整個心態已不像三十年前了。不再沉迷過去，而是展望未來了。

但是，展望未來，有些「大陸人」卻憂懼交加。對重返中國大陸「家園」的可能性，昔日神話式的「理論」已不再為理性的判斷所全盤接受了；而其必要性也由於在台灣有了真正的家園，銳減了。台灣海峽兩岸和平現狀的維持以及促進台灣內部的民主與人權，便不再只是「台灣人」所衷心盼望，也已為絕大多數處於非統治者地位的「大陸人」所默默接受與支持了。

然而，想到要在台灣永久落腳，有些「大陸人」便自然有了恐懼了。這些「大陸人」的恐懼，主要根源於一九四七年的「二二八抗暴事件」。談起「二二八抗暴事件」，「台灣人」和「大陸人」的感受就真的有差異了。台灣人認為「二二八抗暴事件」是「台灣悲劇」中另一次必然會發生的高潮。它是台灣人在受到當時來自所謂「祖國」的統治者遠甚於日本人的壓迫、剝削、凌辱之下，忍無可忍的抗暴行動。它是先由當時居於統治者地位的「大陸人」種下惡因，迫使處於被統治者慘境的「台灣人」起而反抗的果。何況，在那次事件中，「台灣人」慘遭「大陸人」的血腥屠殺，打破了台灣三百多年來的記錄！台灣風雲為之變色，草木為之含悲！當代台灣人的菁英幾乎喪失殆盡，無辜的冤魂在全島各地哀號。自此恐懼感便緊緊籠罩在倖存的台灣人的意識中。「二二八抗暴事件」使台灣人徹底醒悟了：

——台灣人無祖國！只有台灣才是台灣人唯一的祖國！

「大陸人」對「二二八抗暴事件」的觀點則非如此。「大陸人」在國民黨當權集團的洗腦下，只把該事件簡化為一個結論：「這就是台灣人仇視大陸人的事實證據。」並把原因歸之於受到日本五十年「奴化教育」及受到少數左傾共黨份子的煽動、利用。如果原因真的如此單純，絕不會只因「查緝私菸隊」在台北街頭毆傷一名菸販老婦及擊斃一位不平者，便會在不數日中使全台燃起熊熊的抗暴巨火！台灣民族是一個最善於忍辱偷生的民族，如果不是被欺負到絕對無法忍受的程度，絕不會大動干戈。

獨裁統治者一向認為權力就是真理，對任何重大事件從不肯也不敢虛心檢討，坦誠認錯，只知一味將責任歸咎於被統治者，古今皆然！

今天，我公然在「法庭」重提這件被視為「政治禁忌」的「二二八抗暴事件」，不是企圖勾起舊仇新恨。我也同意那是一樁極不幸的事件。事實上二十幾年來，我獻身社會運動，就從未忘記要努力防止類似事件的重演。如今，事隔三十餘年之後，我相信也確實聽到一些現代台灣人民中開明的「大陸人」，對該事件已和台灣人有相似的看法了。今天我所以不得不重提此事，不只因為它在過去是一項事實，更因為它在今天仍然還是隱隱引發部分「大陸人」憂懼的原因。

由於這項憂懼存在，再加上國民黨當權集團利用其傳播媒體的精心運作，便把「台灣獨立運動」乃至所有人權運動、社會改革運動，都巧妙地向「大陸人」暗示，這些都是要重演「二二八抗暴事件」，是要殺「大陸人」、驅逐「大陸人」，致使不明真相、憂懼猶存的一些「大陸人」把「台灣獨立」視為洪水猛獸。於是，在這種「進」不能也不太想重返中國大陸「家園」，「退」又恐遭「台灣人」報復的窘境下，「大陸人」只好追隨國民黨當權集團，在那個神話式的所謂「反攻大陸」的「目標」上魂遊。明知不能、不必也不該「反攻」大陸，卻不惜為此狂吼不休，致使海峽兩岸情勢始終保持其威脅本地區國際和平的態勢。明知對內必須也應該走向民主，尊重一千七百多萬台灣人民的基本人權，儘速還政於民，卻又怕佔絕對多勢的「台灣人」一旦翻身便會加以報復，只好硬著頭皮替國民黨當權集團為虎作倀。

今天，我在「法庭」說這些，絕不是在攻擊某些「大陸人」。反之，我是在表示我能體諒「大陸人」的窘境。畢竟今天彼此應如同兄弟姊妹，開誠佈公，把問題攤開來，以愛心和互諒來共謀化解矛盾與對立。我也希望全體台灣人，尤其是致力於「台灣獨立運動」的人士，和我一樣心存這份體諒；就像我也盼望「大陸人」體諒何以「台灣人」會傾心追求「台灣獨立」一樣。何況，只要不離開台灣，今日的所謂「大陸人」，及其子孫也將變成明日道道地地的「台灣人」！「台灣悲劇」的壓力也將會無情地課付或降臨在今日「大陸人」的子子孫孫的身上！

深願「大陸人」能以另一種眼光和角度來檢視台灣該不該獨立的問題。

國民黨當權集團的本質

嚴格地說，今天一千七百多萬台灣人民中不分「台灣人」或「大陸人」，絕大多數都是處於被統治者地位；只有那一小撮三十幾年來不必經過全民改選的國民黨當權集團，才是台灣真正的「統治階級」。所以該集團或該政權對「台灣問題」的立場，特別是它何以會形成該立場的本質為何，我就不能不加以分析了。

三十年來，國民黨政權在國際社會的形象是：「對外，好戰、死硬。對內，反民主、反人權」。沒有一個政權會希望自己聲名狼藉。國民黨政權亦不例外。客觀地說，這一、兩年來，由於「美麗島政團」奮不顧身地推動人權運動和民主運動，以及海外台僑和國際正義人士的持續又強力地批判與敦促，尤其是在美國卡特總統的「人權外交政策」的壓力下，國民黨當權派也多少不得不順應潮流，調整步伐，略略趨向「彈性」和「開明」。只是她的步幅緩慢而且時顯舉棋不定。多少年來，我曾試圖從國民黨最上層的權力結構來分析、解釋她何以會如此好戰及反民主、反人權。這種觀察顯示長期以來，國民黨的最上層權力結構總是「由一位『教父』型的領袖和一群職業黨工、高級將領、政客、特務和財閥」所組成的。這樣的「結構體」，自然會趨向於壓制中下階級、知識份子和剝削勞動大眾。這種結構體與驅向，在國民黨昔日統治中國大陸和今天統治台灣，並沒有本質上的不同或改變。所以，我曾盼望如果國民黨中真正的知識份子和專業人才在黨內的地位與影響力能夠提昇，縱然不能促成一種革命性的進步，至少會變得較為實際、開明、民主和尊重人權。因此，寄望國民黨內部權力結構產生實質的改變，應當也是台灣民主化的希望之一。

流亡政權的報復心態

但是，在做了上述分析和觀察的同時，我又發現除了「權力結構體」的因素之外，在國民黨政權移植到台灣後，至少還有兩種心態和形成她今天的形象有密切的關係。其一，是流亡政權的報復心態。其二，是少數統治多數的恐懼心態。讓我先分析她的第一種心態。

國民黨政權和中國共產黨政權在中國大陸經過二十多年血腥的鬥爭，在一九四九年終告全面潰敗，幸賴韓戰的適時爆發，世局丕變，獲得美國的協防及大量的軍、經援助，才在台灣穩定了陣腳。和昔日龐大的格局相較，今日自然只能算是一個流亡政權了。何況，三十年來她的中央政府和三個「國會」依然保存其舊人事、舊架構，更加強了她流亡政權的意識和形象。這樣一個政權當然不會輕易忘掉其往日的血淚教訓。因此，她嚴拒和北京政權談判與接觸，乃是極合乎邏輯的反應。所以，國民黨政權給國際社會一種強硬、好戰及唯恐天下不亂的形象，是很容易理解和多少值得體諒的。

但是，更糟糕的是，她在撫今追昔時，仇恨痕痕，報復心態就油然而生了。於是，不僅共黨份子及其同情者，連各類改革人士及中立者都會在她「不是同志，便是敵人」的錯覺中，被視為「仇敵」，在自衛的藉口下大肆報復。國民黨政權的這種心態，在一九五〇年代到六〇年代的十餘年中，表現得最為淋漓盡致。台灣全境成為一個「古拉格群島」，恐怖氣氛四處瀰漫，人權喪失殆盡，幾乎到了偶語棄市的程度。當時，設在台北市青島東路三號的「警備總司令部軍法處」是最惡名昭彰的「台灣的巴士底監獄」，長年人滿為患。幾乎每週都有數量不等的所謂「匪諜」、「叛亂犯」被送到刑場。這種報復心態是每個衰敗的流亡政權所共有。只要這種心態存在一天，不管該流亡政權的人事如何更替，理性的呼聲便難於發揮作用，反民主和反人權的惡行也就絕不會徹底中止！

時間，固然是消除國民黨流亡政權報復心態的有效天然藥方之一；但是，我認為只要國民黨政權繼續保持其「象徵流亡政權的舊架構」一天，其流亡政權的意識便會存在一天。流亡政權的意識既存在，流亡政權的報復心態便只會趨淡而不會根除，更會不時借機復發。這點，也部分解釋了國民黨政權的「改革」，何以會時而緩進，時而大退卻，常在搖擺不定之中。

三十年來，國民黨政權以「大陸未光復」為藉口，以她那曠古未有的「萬年國會」做基礎，保持其「流亡政權的舊架構」，拒絕還政於民。然後在這部舊架構的操作下，以「戒嚴法」，「動員戡亂時期」為恫嚇，處處掩飾其反民主、反人權的法西斯行徑；並對台灣人民任何重大又必要的改革要求，都以那絕對不可能的「等光復大陸後，才……」加以搪塞、拒斥。這一套完完全全是一個流亡政權的樣板。我瞭解這個問題的嚴重性，兩年前我才出獄便發表「增設中央第四國會芻議」一文，就是希望在尊重「萬年國會」的特權下，建議採取一項折衷方案，使國民黨政權漸次擺脫其「流亡政權的舊架構」。在恢復「政治正常化」之下，經由民主程序建立一個植根於台灣的新的合法的國民黨政府，使國民黨及全體台灣人民都能蒙受其惠，也使兩岸和平益趨穩定，進而使「台灣問題」的解決呈現新契機。

歷經三十年的兩岸對峙，不但國民黨高階層人士知道，全國人民也都知道：如果沒有美國的協助和提供防衛性武器，台灣連自衛都會有困難！至於幻想中共政權「內鬥」、「內亂」而坐收漁利，更是絕對天真、荒謬的想法！「十年文革」的大動亂，國民黨得到了什麼「漁利」？自一九四九年迄今，北京政權也已經過多次「政變」了：劉少奇取代毛澤東，毛澤東和「四人幫」推翻「劉、鄧司令部」，華國鋒囚禁「四人幫」，鄧小平復出。今後即使中國大陸再發生什麼「大政變」、「大動亂」，也絕對不可能請國民黨「復辟」的！沒有人會打天下給國民黨集團回去坐的。何況，中共已擁有一千八百萬共產黨員，官僚體系已牢牢控制了整個中國大陸，絕對不是小小的國民黨集團所能撼動她的。國民黨不能自欺欺人，再心存幻想了！

為了台灣全體人民的幸福，也為了國民黨本身，我今天還要提醒國民黨當權派記取人類歷史中的一項珍貴教訓：「流亡政權流亡越久，重返故土的希望越小！」流亡政權應及早在新土地上落實生根，拋棄其舊意識、舊架構，力求適應新情勢，做長治久安的安排。用心和新土地上的人民凝聚結合為一體，培育起自己有根的新生機。徹底認同台灣，使自己台灣化。能這樣，才能自保長存。否則，不僅受其統治的人民深蒙其害，該流亡政權不是被其敵對政權追殺撲滅，便會在多數被統治者的反抗下被推翻。再不，也必會隨時間而萎亡！

史跡斑斑，願國民黨政權徹底變革，不要再自居為流亡政權！

少數統治多數的恐懼心態

鑄造國民黨政權今日形象的第二種心態，便是「少數統治多數的恐懼心態」。

正如世人所周知，國民黨政權已三十年拒絕舉行全國性全面改選了。整個中央政府，從國家元首到各部會的行政首長，都仍由那三個在三十二年前於中國大陸產生的老「國會」以間接「選舉」方式推舉組成的。三十二年未改選，不肯改選的「萬年國會」，還自稱「合法」，自稱代表「民意」，實在是天下一大奇聞！難怪十幾年前，「中華民國國會議員任期最長」便已被列入「世界之最」那本國際知名的「世界記錄」之中了！「萬年國會」的合法性既有嚴重瑕疵，那麼由他們所「選舉」或「同意」產生的國民黨政府的合法性，自然也大有疑問了。依此類推，整個國民黨政府體系，包括今天審判「美麗島同仁」的「貴法庭」，是否合法，似乎已經只能憑槍桿而非依據文明社會普遍公認的法理所能答覆的了。這，就是多年來存在於國民黨政權中的所謂「合法性危機」。

「合法性危機」不是我此刻想要申論的主題。我們甚至還可以退一萬步來承認國民黨政府的合法性。但是，由於「萬年國會」已三十二年未全面改選，而且還沒有任何跡象顯示他們願意在有生之年中止他們每月領取「部長級」薪金和享受種種特權的「終身職國會議員」的地位，而近年來在台灣所增選的國會議員人數不及「萬年國會」的百分之五（指有權選舉總統、副總統的「國民大會」），所以就造成了一項事實：國民黨政權是每六年由同一批「萬年國會」的「終身職議員」，而非由負擔全部納稅義務的一千七百多萬全體台灣人民，來選舉總統和組成中央政府的。這種由「政府」長期供養同一批「國會議員」，來反覆選舉自己當政的法律程序，說明了國民黨政權在本質上就是一個「少數統治多數」的政權。由兩千多名「終身職國會議員」統治一千七百多萬台灣人民！

如果有人反駁說，這項法律程序的事實還不足於證明國民黨政權是「少數統治多數」，因為今天在台灣還有不少人是近三十年中遷移來台的「大陸人」，「萬年國會」可以代表他們。很好的反駁。可惜，從這個角度來分析，目前在台灣的「大陸人」還不到兩百萬人，而「台灣人」卻有一千五百多萬人。「大陸人」在台灣也只能算是「少數民族」。更何況今日在台灣的絕大多數「大陸人」並未參與三十二年前的那次「選舉」，他們對永享特權的「萬年國會議員」同樣深惡痛絕，只是敢怒而不敢言罷了。因為這些「萬年國會議員」不但阻絕了新生代「大陸人」的出路，又使「大陸人」背起壓迫、統治「台灣人」的黑鍋。（至於說「萬年國會」

可以代表中國大陸人民，則比「天方夜譚」還荒謬、可笑！）所以無論從政府產生的法律程序或人口比例來分析，台灣今天是處於「少數統治多數」已是絕對不容否認的事實。國民黨政權的統治權力的來源基礎，實在極端狹窄和脆弱。雖然國民黨當權派近年來也挑選一批聽話的御用「台灣人」充任中央政府的「副座」，並刻意固定開放兩個不重要的部會（內政部和交通部）給御用的「台灣人」，但，她始終牢牢掌握黨政中央的決策大權和各重要部會。她這樣利用御用「台灣人」本來是想沖淡「少數統治多數」的不良形象和安撫台灣人。不過，這套把戲也不新穎。這是全世界「少數統治多數」或「殖民地統治」政權，早已一再運用過的統治手法。國民黨當權派拾人牙慧，不但無法掩飾真相，反而是「此地無銀三百兩」，益加暴露國民黨政權的「少數統治多數」的真面目。

一個「少數統治多數」政權的實質統治者，他們自知這種「少數統治」的基礎極端脆弱，極不穩固，隨時隨地都可能在「多數被統治者」的反抗下覆亡。所以，他們一則會不斷尋找藉口或製造「國際危機」，使全體被統治者在憂懼外來侵犯下再三容忍其存在。二則，會利用施捨、籠絡等手段，從「多數民族」中挑選一些御用工具，在「多數民族」中製造矛盾與分化，以夷制夷。三則，他們會運用各種途徑誘使「少數民族」中其他不掌權的同類，對「多數民族」保持警戒與控制。

三十年來，國民黨當權派就是這樣三管齊下。她不斷處心積慮地破壞美國與中華人民共和國的和解，渲染台海危機，散佈仇恨中華人民共和國的毒素，便是不希望本地區的和平日趨穩定，以便使台灣人民在「恐共症」下容忍其統治。她任命御用「台灣人」擔任「副座」及不重要部會首長，操縱地方派系的矛盾，唆使御用「台奸」公然辱罵台灣人在海內外所從事的各種自救運動，便是施展其「以台灣人制台灣人」的「以夷制夷」伎倆。她一再扭曲「台灣民主運動」，由「大陸人」

嚴密控制各軍事、警政及情報機構，就是要使絕大多數原本已和「台灣人」命運一致可以和平共處的「大陸人」，在「自衛」的錯覺下團結在她的四周，供其差遣。國民黨當權派這樣做，實在是捨本逐末，危險至極。不但不能使全體台灣人民中的「台灣人」和「大陸人」達到完完全全的融和，反而為了鞏固自身權益在內部製造及強化矛盾和對立。這樣搞下去，萬一中共犯台，「台灣兵」會不會倒戈，萬一島內發生突發性的衝突，會不會演變成另一次「二二八抗暴事件」？

但是，這些還不算是我析論「少數統治多數的恐懼心態」的主旨。我是要從這種心態的存在來分析國民黨政權何以會有反民主、反人權的形象。由於國民黨政權深知自己是一個「少數統治多數」政權，就會時時擔心居於「被統治多數」的「台灣人」會起而反抗她、推翻她。恐懼心態便產生了。但是，人性大抵都具有迷戀既得權益的習性，國民黨當權派當然不肯還政於民，促成一個真正民主、平等的和諧社會。在既要保住既得權利又心存恐懼的情形下，國民黨政權對內便處處格外重視「自保」與「自衛」。

本來，自保和自衛也是人類共有的兩種求生本能，無可厚非。問題是出在自保與自衛難於做得適度，剛剛好達到既不利己又不傷人的平衡點上。再加上三十年來，國民黨獨霸台灣，大權在握，沒有任何制衡力量可以約束她，致使她可以縱心所欲，為所欲為，終至超越了其「少數民族」和「少數統治多數政權」求生存的必要程度。其結果是：

——自保過度便形成特權階級；自衛過度便出現侵犯人權。

這，就是國民黨政府何以會有反民主、反人權的形象的另一個真正根源。這，也是自有人類社會以來所有「少數統治多數政權」或獨裁政權，終必淪於反民主、反人權的窠臼的道理。所以，除非國民黨政權能以大公、大是、大勇的胸襟，儘速在台灣實施還政於民，舉行全國大選，否則不管她黨內人事如何調整，如何搬位，都不可能免於受到「少數統治多數的恐懼心態」所侵蝕、所支配，反民主、反人權的情事就絕對不會真正根絕。

「少數統治多數」畢竟是反潮流、反民主、反公義和反人權的，她縱然能得逞於一時，卻無法永遠保全。她不僅得時時面對「被統治多數」的反對，也會招致自己良知的譴責。終有一天會釀成巨禍的。有反人權的地方，就必會有動亂。動亂又會加強人權違反的程度。惡性循環的作用便會產生。嚴重時，不只該國人民苦不堪言，世界和平也會因之破壞。人權與和平是息息相關的。這，就是為什麼「民族自決」會變成聯合國憲章的原則之一的道理。這，也就是為什麼美國卡特總統會把全球各地的人權事件，視為國際問題而非國內問題，並以美國外交政策做推動人權的後盾的依據之一。不管卡特總統今天在美國國內的評價如何，未來人類歷史必會給他應有的崇敬。一如林肯總統解放黑奴的行動受到後人的懷念一樣。

在我對國民黨當權集團做了似乎很嚴厲的批判之後，我也不忘記從她的本質中來體諒她何以會對「台灣問題」採取脫離現實和反動的政策。國民黨政權的「流亡政權」本質，從另一個角度來看，就是她堅持「歷史使命感」的動力泉源。大凡「流亡政權」不肯脫胎換骨，重新植根於新土地上，部分原因乃是她決心承擔起中興的歷史使命。這種使命感亦是人類最高貴的情操之一，不應輕以羞侮。在某種程度上說，就是由於懷有這種使命感才使國民黨政權對「台灣問題」在三十幾年中，一直採取不切實際的「一個中國，一個合法政府，而台北政府才是唯一合法政府」的立場。另外，由於「少數統治多數的恐懼心態」的本能發揮，才使她對「台灣獨立運動」及「台灣民主運動」一律採取嚴厲的反撲，而沒有考慮到政治問題應依政治法則去調和與處理，更沒有從歷史教訓中體認到「斷頭台是革命的發動機；監獄是烈士的訓練場」。但是，究竟形勢比人強，歷經三十年歲月，人事的劇烈變遷，國民黨的「流亡政權意識」已在趨淡；相對地，「少數統治多數的恐懼感」卻在遞增之中。這種心態上的變化，對台灣人民有好有壞。前一意識的趨淡，使「台灣問題」的解決可能出現新轉機。這點，可以從外交政策上略略傾向「彈性化」，看出其端倪。後一恐懼感的遞增，特別是在海內外台灣人自救意識日益高昂的情況下，卻可能進一步引發台灣內部衝突和對抗的劇烈化，對「台灣問題」的解決暴露了另一面的危機。這種危機在蔣經國「教父」在世時，不致於釀成巨禍。如果他去世了呢？後果沒有人敢預測。所幸「危機」一詞，正像字面所啟示的，一方面是「危」險的徵候，他方面則可能是轉「機」的關鍵。我就是存著這種信心，提出「中華民國模式的台灣獨立」的新觀念，希望能突破「台灣問題」的僵局，並使全體國人在這個新概念下化解矛盾，消除對立，逐漸形成一個真正民主、人權、自由的和諧大社會。

「中華民國模式的台灣獨立」的含義與作用

現在，我已分別就「台灣人」、「大陸人」和「國民黨當權派」的基本心態做了似乎相當冗長的陳述了，其目的就是要對我建議的新觀念提供最低程度且必要的背景說明。根據前述說明，我還可以將三方面的立場做如下扼要、具體的歸納：

「台灣人」主張台灣獨立，是要拒絕「中華人民共和國」繼任下一屆的外來統治者，是擔心兩岸戰火重燃後再度淪為戰爭的犧牲品；尤其是要切斷三個半世紀以來帝國主義者和殖民地主義者用以吸食台灣人民血汗的臍帶。使台灣人民能夠從此享受文明人的基本人權和尊嚴。不管從歷史教訓、地理特徵、經濟利益、民心趨向、區域性安定和國際現狀等等因素來分析，台灣都應該成為一個獨立自主的國家單元；事實上，台灣也已獨立於其他主權國的管轄長達三十年了。所謂「台灣獨立」絕不是一個可怕的、罪惡的名詞，當然更不是要驅逐或屠殺「大陸人」的運動。它只是企求全體台灣人民都能以平等地位共創一個更美好的明日台灣。「二二八抗暴事件」應該使它成為我們不要再重蹈覆轍的歷史教訓，而不是挑起舊仇新恨的傷痕。台灣人希望使台灣變成東方的瑞士，而不是另一個巴勒斯坦。

——「大陸人」一樣拒絕接受「中華人民共和國」的統治。經過在台灣三十年與「台灣人」共同生活後，「統治者意識」已趨淡，正從「旅居者心態」轉變成要在台灣落葉生根。「大陸人」反對「台灣獨立」，主要是誤以為她是一種只求「台灣人」獨立、解放以及要對抗、報復「大陸人」的運動。從許多反對「台灣獨立」卻公開提倡、支持「德國模式」的「大陸人」的行為中，便可以很清晰地看出這種心態。事實上，在國際法的分析下，「台灣獨立」和「德國模式」的意義完全一樣，都是在排斥「中華人民共和國」對台灣的管轄及取得獨立自主的法律地位；兩者的差異只在於「說法」的不同。當然，後一種說法（「德國模式」），是更可以使「大陸人」產生「有我一份」的感覺。

——「國民黨當權派」和中共政權之間，積恨太深，差異太大，和談「統一」殊少可能。衡情度勢，分裂局面不但已成事實，也已不違背其私下心願。她對「台灣問題」所以遲遲不肯又不敢採取現實可行的彈性政策，以致在外交戰線上節節錯失，一是因「光復大陸的歷史使命感」一時難於卸除，二是擔心任何重大的改變或改革都會使其政權失去所謂的「法統依據」，致使其既得權利無法繼續擁有，因此不致公然卸下「光復大陸」的招牌。

從上述歸納顯示一項事實：一千七百多萬台灣人民中，不分「台灣人」或「大陸人」，也不分「統治者」或「被統治者」，絕大多數都反對接受「中華人民共和國」的統治及其提出的「統一」條件，而傾向於維持至少是暫時維持兩岸分立的現狀。雖然台灣內部還有其他矛盾與差異存在，但是這項事實已極端重要且足以和應該成為彼此建立一項共識的基礎。然後在這項共識下，依據民主程序逐步謀求溫和的改革，最後提供一個「國是決之於公意」的機會，還政於民。「中華民國模式的台灣獨立」便是由此形成的新觀念，其含義包括下列「三原則」：

第一、以兩岸分立三十年的事實為基礎，承認台灣地區有個獨立自主的完整國際法人名叫「中華民國」。

第二、承認「中華民國憲法」的合法性，進而在尊重「憲法」基本精神的原則下，促使「憲政體制」正常化與現代化。

第三、以和平方式促進台灣的民主、自由、人權與和平，使台灣成為東方的「瑞士」。

我深信，如果朝野雙方都能真正認清國內外情勢，接受以上所述「三原則」為基礎的「中華民國模式的台灣獨立」，它便能發揮下列作用：

㈠本模式一旦被接受，「台灣獨立運動」便會從一個被誤解為是「台灣人」與「大陸人」、「國民黨當權派」之間的敵我矛盾，降格為只是彼此「觀念的誤解」或「觀念溝通欠缺」的問題。多年來困擾台灣內部的「台灣獨立問題」，自此便能獲得根本的解決。因為雙方事實上都有強烈的追求與維護台灣的自由、安全及獨立自主的願望。

㈡本模式可以使「台灣人」真正了解在當前情勢下，維護及促進「中華民國」的獨立及主權完整，即等於在謀求「台灣」的獨立與主權完整，可以使台灣人民免於再承受另一次外來統治者更替的衝擊與威脅。而今而後，海內外積極獻身於「台灣獨立」的人士便可以轉而維護「中華民國」在國際社會中的合法主權地位，而不必致力於建立或恢復「台灣共和國」的任務。這樣，台灣內部便不會再自亂陣腳，自我抵銷力量；國際社會在裁決「台灣問題」時，也會減少困惑和猶豫。

㈢本模式能使「大陸人」真正感受到在「中華民國模式」下的「台灣獨立」，不但與他有關、無害，而且應該是有利的。這不是「畫個圈圈把你排外」，而是「畫個圈圈有你在內」。我絕不相信在台灣土生土長的「大陸人」會不認同生於斯長於斯的「台灣」？會不承認自己也是「台灣人」？會為了老一輩的仇恨與偏見而盲目地去和「中華人民共和國」作戰？會不誓死保衛台灣而抵抗來犯的任何敵人？

㈣本模式能使「國民黨當權派」因承認其「合法性」而減少恐懼感，進而比較敢於從事內部改革。畢竟這些當權派年事都已老邁，特權總不能帶進棺材，能在有生之年採取具體、實質的改革，傳下一個「常態的憲政體制」讓後代繼承，才能死而瞑目。當然，國民黨政權，還是可以效法「兩個德國」，以「中華民國模式的台灣獨立」做為外交政策的「現實法律基礎」，以與國際社會往來；而把「光復大陸」懸為「政治意向」，以面對歷史。換言之，就是應該徹徹底底把「法律地位」和「政治意向」分離！這樣做，國民黨政權便進退有據，可以從窘境中脫身，而不會像三十年來這樣「法律地位」與「政治意向」混淆不清，不知如何肆應國際變局。

㈤本模式一旦有效實施，必能使海峽兩岸的和平狀態更趨穩定，且將如西德布蘭德政府的「東進政策」那樣，對亞太地區長期性的和解、諒解、安全與繁榮產生正面的作用。

我當然明白，部分狂熱的「台灣獨立運動者」和「反攻大陸的幻想者」都不會接受「中華民國模式的台灣獨立」方案。前者會認為要用「台灣共和國」才名實相符，才「過癮」。後者會強調「只有反攻大陸」才有前途，才對得起「先總統蔣公」和「歷史」。一生中我已見過不少極左或極右的「狂熱份子」，發現他們都有一個共同特徵：「平時喊得比誰都大聲，吹得比誰都勇敢，一旦到了關鍵時期卻比誰都怕死！」時窮節乃見。我施某人從來沒有在大庭廣眾之前說過「大聲話」。但是，在推動「台灣民主運動」的過程中，尤其是「美麗島事件」發生以來，我的表現如何？這已是大家有目共睹和歷史將會給予評斷的。不必我自己做任何吹噓。

政治本來就是一種講究「妥協」的藝術。「理想」固然崇高動人，「現實」卻是冷酷又有力的。一味高唱「理想」會淪為「空想主義者」。徹底屈服於「現實」會變成醜陋的「功利主義者」。理想是經，現實是緯。大政治家都知道如何使理想與現實在最合理之處交會。經與緯交叉才會成為歷史的里程碑或座標。今天，我要趁這「最後陳述」的機會，對反對「中華民國模式的台灣獨立」方案的「兩極人士」說幾句話。

我想先問，吼大叫：「反攻大陸！完成國民革命第三期任務」的人士：你們打得贏中華人民共和國嗎？派你到中國大陸打仗，你真的敢嗎？你們已看過「十年文革大動亂」，也看過中共領導人物多次「政變」了，你們還幻想大陸人民和一千八百萬共產黨員會「邀請」你們同大陸「復辟」當權嗎？你們口口聲聲說是要「拯救大陸同胞」，你們是否想過兩岸戰爭一旦爆發，大陸人民和台灣人民都會大量傷亡嗎？你們還在夢想蘇聯或美國會幫你們打倒中共嗎？你們知道如果沒有美國提供防衛性武器以及在兩岸扮演「平衡角色」，我們防衛台灣都很吃力嗎？

全世界都知道「中華民國政府」要重返中國大陸掌權是絕對不可能的！

但是，不能重返大陸掌權並不意指「國民黨集團」永遠會成為「歷史罪人」。攫得政權不一定就會贏得歷史。反之亦然。倘若「國民黨集團」，不管以什麼「國號」，而能長期存在於台灣，並製造一個真正實施民主憲政，安和樂利的新社會，她就會在中國歷史上贏得她卓越的地位！即使她死在台灣亦如此！因為「中國」從來還沒有出現過一個「民主憲政」政府！「國民黨當權集團」應該有贏得歷史的雄心，不要再胸懷攫取中國大陸政權的野心！

同樣地，我也要請教與提醒拒絕接受「中華民國」這個「名稱」及「中華民國憲法」的「台灣獨立運動」人士幾個問題。

你敢在國民黨政權管轄區域內公開鼓吹「推翻『中華民國』而成立『台灣共和國』」？你考慮過如果現在把「中華民國」改為「台灣共和國」以致引起台灣內戰會有什麼後果嗎？只要台灣能真正享有獨立自主的地位，不受「中華人民共和國」或其他國家的管轄，稱她為「台灣共和國」或「中華民國」又有什麼差別？

前面我已經說過了，「國家」的四要素並不包括「國名」、「國歌」、「國旗」。國家的名稱和人的名字一樣是可以改的。但是要改，必須在不影響國家或人的生存時才改。我相信沒有一個人會愚蠢到甘冒喪失生命的危險去更改自己的名字的。清醒的人士應該都可以看得出，今天會對台灣獨立構成威脅的，絕對不是「中華民國的國民黨政權」，而是「中華人民共和國的北京政權」。三十年不能「反攻大陸」，六十年不能「反攻大陸」，「國民黨政權」終有一天會完全「台灣化」！屆時要更改「國名」自然會水到渠成。我們等待台灣獨立已等了三百多年了，為什麼我們沒有耐心再等它三十年？我們聽不到台灣被稱為「台灣共和國」有什麼關係？我們今天若能忍耐，不作意氣之爭，我們的子孫就一定能聽到！我被關了十五年了，都還有耐心等，你們憑什麼沒有這種耐心和胸襟？（編者按：本文書於一九八〇年）

也許有人會反駁我：美國的「台灣關係法」從頭到尾都不稱「中華民國」，全是稱「台灣」和「台灣人民」，美國已「法律承認」「台灣」是一個「國家」；全世界絕大多數國家也都以「台灣」稱呼我們的台灣，而不叫「中華民國」了，我們自己還要承認「中華民國」這個名稱不是太差勁了嗎？

這項反駁乍聽之下似乎很有道理。但是反駁的人士如果認為我沒有考慮、研究過上述反駁的內容，就未免太低估我了！美國總統卡特先生簽署「台灣關係法」當天，「美麗島」的「五人小組」便發表「重行加入聯合國聲明」。這項「聲明」

得到「黨外」各重要人士及海外臺僑領袖們的連署。該項「聲明」中，我們用的還是「中華民國」，不是「台灣」。如果能用「台灣」或「台灣共和國」，我們「五人小組」會不用嗎？現時的「黨外人士」誰比「五人小組」更具犧牲精神!?

第一，我們當然知道國際社會大多已不用「中華民國」稱呼「台灣」了。我的妻子艾琳達一直在提供我最新的資訊，我又接受過許多外籍記者、學者和外交官的訪問或晤談，這項資訊我早已瞭解。我還注意到「台灣關係法」中是稱呼「台灣人民」而不是「台灣人」或「台灣住民」。「人民」只能用於「國家」，像「美國人民」、「法國人民」。沒有人會稱呼「紐約人民」或「巴黎人民」。因為紐約和巴黎不是「國家」只是「地方」，只能稱呼「紐約人」、「紐約住民」或「巴黎人」、「巴黎居民」。「台灣關係法」直稱「台灣人民」而不稱「台灣住民」或「台灣人」，從國際法來分析，就是承認「台灣」是一個「國家」而不是一個「地方」了。所以，「台灣」在國際社會中已被承認為一個「國家」是沒錯。但是，到現在還沒有一個國家稱呼「台灣」為「台灣共和國」。為什麼？因為稱呼「台灣共和國」就算干涉台灣內政了。只有「台灣當局」依合法程序自稱為「台灣共和國」時，國際社會才會稱「台灣」為「台灣共和國」。所以，「台灣」的國際法人地位已不是「問題」。至於要不要稱為「台灣共和國」則純粹是「台灣」的「內政問題」。

第二，由於是「內政問題」，所以現在該不該改稱「台灣共和國」，就要從台灣的內部局勢來衡量。而現在的台灣情勢非常顯然地是完全不適合改稱「台灣共和國」，我在上面很多地方都已析論了。這就是我們主張仍採用「中華民國」的原因。我們不希望因「稱呼問題」引起台灣的內亂，以致冒著使台灣淪入「中華人民共和國」之手的危險。至於在海外的「台灣人民」是否要順應國際情勢的變化，成立「台灣共和國臨時政府」以與「中華民國台北政府」互爭「美國台灣關係法」中的「台灣代表權」，我不想置評。但我們在台灣島內從事「台灣民主運動」的工作者，基於「台灣內亂必將毀掉台灣前途」的信念，現在我們只能採納「中華民國」為「台灣」的「國名」。即使明知「台灣共和國」的稱呼比「中華民國」更容易在國際上受到接受，為了內政因素，仍不能更名！

我希望堅持「反攻大陸」和主張立刻改稱「台灣共和國」的兩極人士們，都能了解「台灣的生存繫於和平改革」！任何反對這個信念的人，如果不是考慮不周，便可能是「打著國民黨旗反國民黨」或「打著台灣旗反台灣」的人，是存心要毀掉台灣的人。

從國際法看「中華民國模式」

「中華民國模式的台灣獨立」大家聽起來大概會覺得很新鮮，認為這是一種觀念上的突破。因為她竟然能夠把兩個原本是南轅北轍的「政治立場」或「政治主張」湊合起來！其實世事常常由於當事人不肯細心思考，不肯異中求同而製造許多庸人自擾的憾事。

其實，本模式只是「兩個中國模式」、「一中一台模式」或「德國模式」的變種模式而已。她的主要功能不在於對解決「台灣問題」的國際層面有什麼新的建議，她的價值全在於調和台灣內部的歧見。基於這種觀點，本模式本來應該只稱為「中華民國模式」便可以了，不必再加上「台灣獨立」四個字。今天在這個可以置我於死地的所謂「法庭」中，我竟然不避重就輕的又刻意加上「台灣獨立」四個字，並一再公然強調「台灣應該獨立，而且事實上台灣已獨立三十年了」，絕不是我愚蠢或畫蛇添足。我這樣做，有兩點主要動機：

第一、我深知一種新觀念的提出，在最初階段常常不能被人充分了解，所以必須比較清晰地點破問題的核心。把「中華民國模式」更明白地說成「中華民國模式的台灣獨立」，才能使「台灣人」、「大陸人」和「國民黨當權派」了解大家在追求的「目標」原來還有極重要的共通點存在！這樣才有助於化解矛盾。當然我也考慮過，多加上「台灣獨立」四個字也有其弊端，因為加上「台灣獨立」四個字多少會使「國民黨政權」在推動「中華民國模式」時增加一些「面子」問題的壓力。有些事，不張揚、不拆穿，彼此心照不宣地默默推動，也許更方便。

對「中華民國模式」在「美麗島」的領導階層已取得了共識，才會有發表「重行加入聯合國聲明」中，不用「台灣」而用「中華民國」的決定。可惜在我還沒有機會私下向海內外主張「台灣獨立」的領導人士細作析論時，「高雄事件」便發生了。我唯恐再沒有機會作私下解釋，不能化解彼此的矛盾，在兩害相權之下，才決心以公開的方式，藉國內外傳播媒體聚集「法庭」的難得機會，宣揚「中華民國模式的台灣獨立」，使有關的各方面都能藉此深思。

第二、三十年來，若在台灣主張「台灣獨立」，輕則判處十五年以下的有期徒刑，重則判處無期徒刑或死刑。今天，我不願給人一種錯覺，以為我採用「中華民國模式」而不加上「台灣獨立」四個字，是在替自己「脫罪」。這種錯覺會損傷我的誠意與人格！追求真理，我是個永不畏縮的人。三十年來，還沒有人敢在面對死刑宣判的「法庭」公然表示：「台灣應該獨立！」不是我比別人勇敢，更不是我不愛自己的生命，是我更愛歷史和真理！

對我個人來說，「中華民國模式」的觀念，早在十八年前我還是一名小軍官時便已有了模糊的概念了。以後在牢中苦修國際法等等專門學識後才成熟定型。十八年前，正是美國甘迺迪總統執政時代。甘迺迪總統以其偉大的超人的睿智，決定在聯合國中的「中國代表權問題」，不再像其前任那樣採取「擱置討論」的舊策略。甘迺迪總統有意要徹底處理「台灣問題」，使這個威脅國際重要航道——台灣海峽的問題，獲得公正的解決。甘迺迪總統的領導曾使我和我的朋友們受到鼓舞。當時，每回和人討論「台灣問題」，我都主張聯合國應該採取「容納北京政府，不驅逐台北政府」。因為這樣對全體台灣人民及西太平洋的安定與和平，都會有重大的貢獻。其後十年之間，國際社會的大多數成員也都支持這項「北京與臺北並存於聯合國」的方案。非常不幸的是，甘迺迪總統英年罹難，繼任者欠缺魄力，以致使顢頇、缺乏外交遠見的國民黨最高當局繼續迷失於「反攻大陸」的神話中。國民黨最高當局為保護其私利和野心，完全不顧全體台灣人民的安危與將來，一意孤行，一再拒絕聯合國的「容納北京，不排除台北」的方案，以致情勢一再劣轉，良機年年喪失，最後終於導致了一九七一年被逐出聯合國的慘劇！我國被趕出聯合國的消息傳到台灣時，我正被囚於「台東泰源監」的獨囚小黑房中，聞訊我獨自痛哭流涕，悲慟不已！如今追憶起來，心痛猶存。被趕出聯合國是台灣外交陷於孤立的轉變點。日、美等數十國紛紛承認北京政府，對我斷交，全部都是該項悲劇的必然結果！如果當年國民黨最高當局稍有良知，稍具外交知識，國運何至於會落到今天這種地步！國民黨政權應對領導外交政策的嚴重錯誤和恐怖後果，負全部責任！

往者已矣，來者可追。盼國民黨領導階層，在「中華民國模式」下，儘速採取彈性外交政策，絕不可再堅持那種不切實際、貽笑全世界的所謂「中國只有一個，台北政府才是中國唯一合法政府」的荒謬、幼稚的「主張」！

最後，我想根據國際法原則，對「中華民國模式」的可行性表示個人的看法，使國人對公平、公正解決「台灣問題」有更踏實的信心，以免國人繼續受到「國民黨好戰集團」的蠱惑與誤導，以為只有「反攻大陸」及堅持「一個中國」的立場，台灣才有生路。

海峽兩岸各有一個主權國「中華民國」和「中華人民共和國」的事實，已長達三十年之久。這項「事實」，不管把它解釋為「中國已分裂為兩個」或「何方已脫離另一方而獨立」，都已不重要了。最重要的是「三十年分立的既成事實」，在國際法的「承認」上，已絕對具備了使國際社會每一個成員國都應該合法加以承認雙方均為「主權國」或「完整國際法人」的法律要件了。國際社會已可以不必再徵求兩岸兩個當事國的一致認可了。長期的「既成事實」，不論在國內法或國際法上，都極端重要。國際法對「國家」的承認要件，大致共有四點：

㈠該國家已確實穩定存在，且已達相當時日。
㈡有關方面的戰爭（或內戰）已告中止。
㈢該國家的政府已能有效管轄其領域。
㈣該國家有能力也願意履行其國際義務。

根據這四項要件，很顯然的，不管「中華民國」或「中華人民共和國」都符合被承認為「獨立國」的資格了。關於「第一要件」，兩岸兩個國家都已穩定存在三十年了，這是舉世有目共睹的事實，毫無爭辯的餘地。至於「相當時日」是指「多久」？國際法權威學者並沒有一致的定論。但從史例上可以找到答案。一九〇三年，「巴拿馬共和國」脫離「哥倫比亞」而獨立，僅僅十天，美國便加以承認，美國的承認被國際法權威學者一致譴責為「過早承認」，美國犯了「干涉哥倫比亞內政」的國際侵權行為。相反地，一九一七年蘇俄發生大革命，新的共產政權宣稱自己不但是「新政府且是新國家」，而她已穩定存在二十六年，美國於一九三三年羅斯福總統就職後，才加予承認。國際法權威學者一致批評美國犯了「過遲承認」，有害國際社會的正常運作。關於「第二要件」，自一九四九年「中華民國」與「中華人民共和國」在中國大陸的內戰便已實際中止了。即使金門、馬祖與廈門等地的象徵性「砲擊」，在美國與「中華人民共和國」建交之日，也完完全全停止了。關於「第三要件」，「中華人民共和國」有效管轄整個中國大陸地區；「中華民國」在台、澎、金、馬擁有絕對排他的統治權，三十年來都是不爭的事實。關於「第四要件」，「中華民國」與「中華人民共和國」都有能力也都極願意履行其國際義務，世人也找不出否認的證據。

綜合上面四點分析，我們絕對可以說：「中華民國和中華人民共和國各在其領域上行使其主權行為已長達三十年了。這項事實的發生是雙方人民自行促成，完全沒有違背『史汀生主義』的情事；同時，這項事實的存在也已和西太平洋地區的安全與安定密不可分了。」基於這項前提，我們已可以做出如下結論：不管從國際法要件、從尊重當事國人民之意願以及從繼續維持本地區的和平與利益考慮，當今國際社會的每一個成員國如果再不承認兩岸兩個國家的獨立國地位，各國都犯了「過遲承認」的錯誤，絕對有害於世界和平與國際安定。後人必會對當今各主要國家的領袖們，屈服於「中華人民共和國」的政治壓力，無視國際法原則，有所指責與抨擊！

解析了「中華民國模式」在國際法上絕對可以合法成立後，我認為還有必要順便從實際狀況來證實「中華民國模式」，也就是「台灣」已被某些國家，包括美國在內，承認為一個「獨立國」的事實。

近十年來，由於被逐出聯合國，承認中華民國「政府」的國家已大量減少。這種現象，有些沒有深入研究國際法的人士便常常不細分真相，就一律武斷地認為「中華民國」的國際法人資格也一併被剝奪了。其實，國際法的所謂「承認」，其中對「國家」的承認和對「政府」的承認是有本質上的差別的。主要的差別有：

第一、對「國家」的承認是永久性的、不能撤銷的，即一旦「承認」了，除非該「國家」被消滅了，否則，都不能撤銷承認。但是，對「政府」的承認，則隨時可以依據國家利益「撤銷承認」。

第二、承認一個「國家」的存在後，並不一定非要和該「國家」的「政府」

建立「外交關係」不可。但是，若承認某個「政府」，則同時具有承認該「政府」所代表的「國家」的作用。

根據以上兩點，我們就應該研究近年來和中華民國「政府」斷絕外交關係或撤銷對中華民國「政府」的承認的每一個國家與「中華人民共和國」的「建交公報」才能分辨其性質。並不是每個和中華民國「政府」斷絕「外交關係」的案件，都能產生否定「中華民國獨立於台灣島上的完整法人地位」，換句話說，近年來在國際社會中受到打擊的是「國民黨政府」，不一定是「中華民國」。這點，以美國承認「中華人民共和國」、「北京政府」為例來解析，可能大家比較能領會與了解。根據我個人的研究分析，今天美國與台灣（或「中華民國」）的關係是：對「中華民國」是台灣島上的「主權國」地位（只代表台灣人民，不代表中國大陸人民）做了「法律承認」了；對中華民國「政府」則做了「事實承認」。我的依據如下：

第一、美國政府和北京政府建交時，其「建交公報」中關於「台灣問題」是「各說各話」。北京政府說：「……中國只有一個，北京政府是中國唯一合法政府，台灣是中國的一部分。……」（我手邊沒有「建交公報」全文，僅憑個人記憶。但大致意義應是如此。）美國政府則說：「……對北京政府的這種立場表示認……。」（此句亦憑個人記憶。）值得注意的是「建交公報」英文本用的是acknowledge，而不是國際法「承認」的正式用語recognize。這兩個用語有程度上的差異，學者們也討論過，不必我詳述。倒是有一件事，迄今海內外學者、專家都還沒有人注意到。美國政府和北京政府建交時，雖然答應了北京政府要求美國政府應與中華民國「政府」：「斷交、撤軍、廢約」的「三條件」，但是在「廢約」這一項方面，美國的做法和日本不同。當年日本與北京政府建交而與台北政府斷交的同時，宣佈「中日和約」一起失效。日本這種做法使日本對北京政府的承認達到「回溯既往」的效果。美國則是依據「中美互防條約」的條文規定「……締約國一方於通知另一方廢約後一年，本條約自然失效。」（我手邊也沒有該「互防條約」全文，也是僅憑記憶。所以是第幾條我不記得，文字也可能不全對，但意義應該正確。）美國政府採用這種方式廢約極端重要！我願說，這是美國政府非常了不起的「法律陷阱」。北京政府完全陷入了這個永遠無法挽救的「陷阱」了。

㈠這樣「廢約」，使北京政府不能享受「回溯既往」的效力。換言之，美國已以「廢約方式」正式承認在她和北京政府建交以及和台北政府斷交以前的二十九年之間，兩岸各有一個「主權國」。也就是和中華民國「政府」的斷絕外交關係，只是政府對政府的撤銷承認，與「中華民國」乃是「台灣」這個主權國的「國家」地位的繼續存在無關。

㈡美國政府和北京政府「建交」的生效日是一九七九年一月一日，而美國和中華民國的「中美互防條約」的失效日期應是一九七九年十二月三十一日。換言之，從一九七九年一月一日至一九七九年十二月三十一日這一年中，美國一方面和中華人民共和國擁有完全的外交關係，包括「國家」對「國家」的關係；而另一方面也和中華民國維持「互防條約」的法律關係。根據國際法原則，締約權和「互防條約」的法律行為，都是主權國與主權國之間才能擁有的。所以，無法反駁地，至少在一九七九年一月一日到一九七九年十二月三十一日這一年中，美國已同時對「中華民國」和「中華人民共和國」這兩個國家做了效力完全一樣的「法律承認」了。「中華人民共和國」落入了美國的「陷阱」了！因為對「國家」的承認具有「不能撤銷的法律效力」。一年之後，美國與中華民國政府終止了一切法律關係，已完全不影響美國已承認「中華民國」的「國家地位」的法律效力了。

第二、「台灣關係法」。該法是美國國會通過並經美國總統簽署的法律。該法對美國政府的拘束力只有在「上海公報」和「建交公報」之上。從該法自行課付美國政府對維護「台灣」的安全和軍售等義務，可以稱之為國際法上的「單邊條約」，其作用不亞於「中美互防條約」。雖然該法從頭到尾都用「台灣」、「台灣人民」和「台灣當局」而沒有使用「中華民國」，但這仍無損於承認「台灣」也是個「獨立國」的效力。由於該法所稱的「台灣當局」在實際適用時的對象將是中華民國的「政府」，因此它就構成對中華民國「政府」的「事實承認」。這點，我在「調查庭」和「辯論庭」中已有陳述了，此地就不必重複了。我的結論是，即使將來基於政治因素，美國政府廢止「台灣關係法」，對美國已承認「台灣」（其國名目前叫「中華民國」）是個「主權體」仍不會有影響，能撤銷的只是對中華民國「政府」的「事實承認」這一部分。

近年來，我常常看到一些所謂「學者」、「專家」對國際法沒有做深入研究或根本就是外行人，僅僅抓住一些「概念」，學會幾個「專有名詞」就對「台灣」或「中華民國」的國際法人資格等問題在報章、雜誌上大發謬論，誤導國人的觀念，感到非常遺憾與難過。比方，我們發表「重行加入聯合國聲明」後，竟然有所謂「學者」諷刺我們，彷彿我們連「在目前狀況下加入聯合國是不可能的」都不知道似的。我們當然知道「不可能」。因為「中華人民共和國政府」在「聯合國安全理事會」擁有否決權，「中華民國」申請加入勢必遭到她的否決。但「能不能加入」是一回事，積極表示「中華民國」也是一個「獨立自主的完整國際法人」又是一回事。申請加入的行為本身就等於在提醒國際社會：「中華民國」也是一個「國家」，不是「中華人民共和國」的「省份」之一。縱然年年遭到「中華人民共和國」否決又何妨？「中華人民共和國」不是自一九四九年起便委請其友好國家年年提出「北京政府」應代表「中國」，年年被排除，到一九七一年才成功的，「中華民國」

政府如果連向聯合國申請加入，以示自己也是一個「主權國」都不敢，又如何期盼別的國家承認其「主權國」地位？國民黨政權在處理外交事務上的保守、迂腐、無知，實在令人噁心！

今天，我還要建議國民黨最高領導當局，要認清國際情勢，儘速在外交陣線上採取全面性的彈性、現實、積極的政策。努力的方向不要只側重在建立「政府對政府」的官方關係方面，因為在北京政府的壓力下，要建立「政府對政府」的關係顯然還相當困難。外交當局應運用國際法的專業知識與群體智慧，採取「寧靜外交」先設法使個別國家對「中華民國」的「國家地位」做法律或事實承認。因為對「國家」的承認比對「政府」的承認較不易「驚動」「中華人民共和國」，像美國的「廢約」方式所暗藏的意義，連北京政府的法學專家們都渾然不知。等「中華民國」的「國家」地位更廣泛地被承認後，再假以時日，就更有可能演進到「政府的承認」。但是對於「聯合國」及其他國際組織，則應年年採取公開、積極的入會申請。這樣做，一則可以提醒各國「中華民國」是個主權獨立國；一則可使「中華人民共和國」年年採取否決權，暴露其蠻橫的立場。

放棄武力，公民投票

我的陳述雖然已經相當冗長了，卻無法就此煞車。人們一定會追問我：「你的中華民國模式究竟是一種最後安排？或只是一種權宜措施？」對這項問題，我想回答：「以歷史眼光來看，世事沒有一項是『最後安排』或『權宜措施』；同時，世事每一項也都是『最後安排』或『權宜措施』。」這是指你在考察世事時，究竟是把時程拉長或縮短，所會得到的結論。

其次，我要說，從今天的剖白中，一開始我就先陳述了個人的基本信仰和理想。身為一個世界公民的認同者，世界政府的嚮往者，我自然會深深地期待著全人類都能打破國界，無拘於膚色、種族、宗教的藩籬，在公義的法律秩序下平等地和平共存。這樣一個人，對海峽兩岸的「分合問題」，當然不會抱著不顧一切強求分立的立場，對這個問題，我絕對堅持的只有兩點。

第一、非暴力原則

我說過，我是個反戰份子。我所以反戰，不只因為戰爭的手段是殘酷的，也因為戰爭的企圖是不道德的，更因為戰爭的過程和結局是悲慘與無可補償的，我堅持地認為兩岸領袖都無權在和平了三十年之後，又以任何「民族大義」、「中國沙文主義」或「神聖的歷史使命」為藉口，再度驅使兩岸人民為成就其「歷史地位」而淪為其「一將功成萬骨枯」的祭品，並使兩岸人民三十年來辛辛苦苦所建立起來的一點點成就毀於一旦！我不知道那些隨著叫囂「反攻大陸」或「不惜以武力解放台灣」的人，有沒有想到戰火重燃後，兩岸將會烽火連天，斷垣殘壁，處處是孤兒、寡婦、老殘和饑餓!?

海峽兩岸可分可合，我所堅持的是，其途徑必須是和平的、非暴力的。

第二、公民投票原則

兩岸今日之分，是事實。分之後，已使兩岸維持了三十年的和平，也是事實。兩岸各有不同程度、不同方向的進步，更是事實。分，是好？是壞？合，是利？是弊？不應由強者片面評斷，更不能取決於兩岸領袖的意志。國是決之於公意。兩岸的分合，最終應由兩岸人民公決。如果兩岸人民的公意一致於分或合，自應分或合，任何人都無權強姦民意。如果不一致，便顯示解決問題的時機與條件都未成熟，兩岸人民都應該再耐心等待，不必急於解決或攤牌。

中華民族是一個崇尚大國沙文主義的民族。自秦始皇建立大帝國以來，力求國家統一的意識，已轉變成一種病態的帝國主義心態。這種病態的帝國主義心態明顯地表現在不顧一切、不計後果的追求大版圖和大一統之上，完全忽視了時與空、人與事是否能夠因此更為調和、圓滿和進步。當然更不會以合乎時代潮流的價值標準去衡量、接納和尊重各地域、各民族或各不同地域上人民的條件差異，只知道狂熱地「以武力加以中國化，以文化加以漢化」。這種迷信「合，即是善」，「分，即是惡」，已是中國民族的歷史包袱之一，更是評定「歷史人物」功過的錯誤標準之一。這個歷史包袱，除了替中國歷史平添寥寥幾名滿手血腥的「英雄偉人」之外，便是一再地增加了歷代人民的苦難。唯其如此，才會一再應驗了「合久必分；分久必合」的治亂法則。但是，在這種法則支配下的「因合而治」，人民未必就能蒙受其利。秦始皇統一中國後，反而民怨載道，中國學術思想也自此未再大放異彩，即是明證。一旦「分而亂」時，人民則更是苦不堪言。其關鍵就在於這種分或合，是建立在武力或「英雄偉人」的意志之上，而不是取決於人民的意願，更不與各項物理因素相吻合。唯有分合與人民意願、物理因素一致，才能分而不亂，合而非禍。否則，合未必是福，分未必是禍。世界大同誠然是人類夢寐以求的理想，但是世界大同也絕不可能建立在武力或否定個體差異性的基礎之上，更不能依存於所謂「民族大義」、「大國沙文主義」或「超人意志」之上。我很遺憾地發現，以信仰「無產階級革命」，應該有真正世界大同觀念的中華人民共和國的領袖們，竟然也無法擺脫「中國沙文主義」的陳腐包袱。這，絕對不是一位真正的共產主義者應有的心態。

人類歷史的進展，儘管會以各種不同的方式和風貌出現，其目的卻只有一項：造福人類或人民。所有政治組合、經濟結構、社會體系、生態保護、文化素質和科技發展……等等，最後都是為了要使人類在精神與物質上生活得更安全、更舒適、更尊嚴、更坦坦蕩蕩。如何使全人類或全體人民今天比昨天更美好，明天比今天更幸福，才是我們應該共同努力的方向。我們萬萬不能以犧牲這項目標去換取一個「中國沙文主義」的心願，更不能用這個心願去造就一個或少數幾個「歷史偉人」！

今天，海峽兩岸的領袖與人民的當務之急，不是如何處心積慮地進行權力鬥爭，要把對方置於己方的管轄之下，競爭所謂「完成統一」的虛名，而是應該如何竭心盡智使兩岸人民更幸福。關於這點，我們不能只看中國史，我們應該放眼世界史；不能只回顧先人足跡，也應檢視今人的經驗。遠者不談，兩個德國不是已經提供了一項理性的範例了？相反地，南北越歷經二十餘年的戰亂，死傷枕藉，民生凋敝，其達成的結果對全體越南人民是否值得？對人類文明、對世界和平究竟又有什麼意義？攫得政權，不一定就能贏得歷史！

海峽兩岸分立已長達三十年，「分合問題」的解決，不必急於一時。當合不合，必合。當分不分，必分。我們已等待三十年了，沒有理由不可以再等待五十年、一百年！這一代解決不了，沒有理由不能交給下一代或下下一代去處理。「和」比「戰」貴，「緩」比「急」智。何況兩岸分立並不是使任何一方淪於其他帝國主義者的統治之下，相煎何太急？

國共五十年的深仇大恨，兩岸三十年的對峙，絕對沒有一帖萬靈藥方能把問題和平解決於一朝一夕。但是，在任何可行方案付諸實現之前，最需要的還是一段冷卻期，用以培養未來溝通、和解的氣氛。兩岸領袖何不從今天起，就開始停止一切冷戰、攻訐、拒斥、統戰、滲透、顛覆，讓兩岸以互不侵犯、相互尊重的地位，在平行線上各自努力向前競走，自尋其交會點？何不由制度判定勝負與優劣？由時間癒合隔閡與仇恨？由民心自決分合？

我相信兩岸領袖如果能多為兩岸蒼生著想，睿智地、仁心地採取這種方式，而非訴諸武力，不管將來是分是合，歷史一定都會給予他更高的評價！試看，亞歷山大、凱撒、成吉思汗、拿破崙、希特勒等等「大帝」憑武力建立起來的大帝國，於今安在？反倒是蘇格拉底、耶穌、孔子、釋迦牟尼、李白、莎士比亞、貝多芬的「帝國」，迄今依然光輝耀目！

祈兩岸領袖及人民深思！祈祥和永在！

願為人權與和平受苦受難

各位，我已就我的基本心態和二十餘年來追求台灣人民的基本人權和兩岸和平的心願與做法，做了扼要的陳述了。就是這些信念和目標，使我犧牲了家庭幸福，獻出了個人的青春，在國民黨的「古拉格群島」中度過了十五年漫長、辛酸、無限艱苦的鐵窗生涯。

在那段悠悠的歲月中，無窮盡的黑夜，數不完的白晝，蹂躪著我，啃蝕著我。我彷佛被迫在一個巨型又無情的圓形跑道上奔走，周而復始，了無終點。我扮演了希臘神話薛西佛斯的角色。

當春天到來，百花競豔，我只能在夢中把自己化為一隻彩蝶，飛奔於群花之中。當夏日炎炎，潺潺流水向我呼喚，高山林蔭對我招搖，我只能幻想自己正逍遙於「三溫暖」中，是蒸氣而非汗水在沐浴著我。中秋賞月，看楓葉胭紅，那是多麼奢侈的願望啊！每逢嚴寒降臨，我也許可以把冰涼的地板想像成如錦似繡的地毯，把污濁的囚牆、猙獰的鐵柵視為雕樑畫棟，可是這些「良辰美景」誰來與我繾綣？

我何嘗不想與戀人親親依偎，共吟「在天願做比翼鳥，在地願為連理枝」？

我何嘗不想承歡膝下，逗弄愛女，樂享天倫？

我何嘗不想與三、五好友把酒論天下？

我何嘗不想海闊天遼，四處翱遊？

誰願意忍受獄卒恣意的咆哮、羞侮？

誰喜歡吃那粗陋的囚飯，飲黃濁的水，夜夜與蚊子、蟑螂、臭蟲為伍？

誰希望被刑求得遍體傷痕或疾病纏身時獨自呻吟？

誰知道獨囚在伸手不見五指的小囚牢中長達兩年是什麼滋味？

誰學會了和幾位瘋囚生活時，如何保持自己的平靜與清醒？

誰體會得到和二、三十位囚人，日夜擁擠在坐臥兩難的牢房中，是如何度日？

誰了解獲知家慈惡耗卻不准奔喪，眼睜睜地看著出獄的「同志、好友」設計奪去你的妻子、財產，卻無可奈何的心碎？

誰能真正領悟在十幾年絕望的壓力下，要始終保持良知、信心，拒絕誘惑，還要潛心研究學問，需要多大的定力與內力？

我，和大家一樣，也有七情六慾。我卻必須壓抑慾望而不變態，忍受千辛萬苦而不心存怨懟，像苦行僧般的在牢獄中接受十五年——不是十五天或十五個月

——形形色色的折磨、鍛鍊。只是我比苦行僧更苦。苦行僧是出世的，我卻是入世的。以入世的心境度出世的生涯，其艱其苦其難又豈是我的話語所能形容或傳達的？

我的兄妹常戲稱我是「歷盡滄桑一男人」。但是，這個歷盡滄桑，浩劫歸來的男人，並沒有在花花世界中迷失，也沒有在各種誘惑中墮落。苦難未曾污染了他的赤子之心。他依然堅持從那個空襲日早上便已開始萌芽的信念——為台灣人民的基本人權及兩岸和平——奉獻一己。他當然瞭解，如果他不在國民黨政權「反攻大陸」大合唱聲中，停止發出人權與反戰的「噪音」，如果他不隨波逐流，營鑽私利，阿諛權貴，他就一定會再度站在世俗「法庭」的被告席上！

當年，蘇格拉底曾在背叛真理或飲酖中做抉擇。他選擇了飲酖。

當年，耶穌基督曾在終止宣揚「登山寶訓」或進入耶路撒冷被釘於十字架上做抉擇。他走進了耶路撒冷。

我很清楚，非常清楚，如果我不放棄我的信念，便只好走進國民黨的刑場或老死「古拉格群島」中。

我又來了。以坦然含笑的姿態，站在諸位的面前了。我早已做了抉擇。

每個時代都有奉獻者。奉獻者總是扮演著悲劇的角色。奉獻者深知自己的旅程必是孤單、坎坷、悽慘和佈滿血淚的。奉獻者總是不為他的時代所接受，反遭排斥、欺凌、羞辱、監禁和殺戮。但是，奉獻者所爬過的羊腸小徑，必會被後繼者踩成康莊大道。奉獻者的肉體也會腐朽，但是他的道德勇氣和擇善固執的奉獻精神，必會增益人類文明，與世長存。奉獻者不屬於今天，但是他會活在明天！

最後，我要重申奉獻者的一項共同信條，來結束我今天，也許也是我此生的「最後陳述」——

我並不奢望在這個世俗的「法庭」中求得一項公正的判決，但是我毫不懷疑地深信：總有一天，歷史法庭一定會還我公道！

再見!!

致

警備總司令部軍事法庭

一九八〇年三月二十六日含淚述於看守所

歷史與現場 310

施明德的政治遺囑：美麗島軍法大審最後答辯狀

作　　者—施明德
照片提供—施明德
主　　編—謝翠鈺
企劃主任—賴彥綾
封面設計—陳文德
封面照片來源—中央通訊社
美術編輯—趙小芳

董 事 長—趙政岷
出 版 者—時報文化出版企業股份有限公司
108019 台北市和平西路三段二四〇號七樓
發行專線—（〇二）二三〇六六八四二
讀者服務專線—〇八〇〇二三一七〇五
（〇二）二三〇四七一〇三
讀者服務傳真—（〇二）二三〇四六八五八
郵撥—一九三四四七二四時報文化出版公司
信箱—一〇八九九 台北華江橋郵局第九九信箱
時報悅讀網—http://www.readingtimes.com.tw
法律顧問—理律法律事務所 陳長文律師、李念祖律師
印　　刷—勁達印刷有限公司
初版一刷—二〇二一年十二月三日
初版二刷—二〇二二年一月二十七日
定　　價—新台幣三八〇元
（缺頁或破損的書，請寄回更換）

時報文化出版公司成立於一九七五年，
並於一九九九年股票上櫃公開發行，於二〇〇八年脫離中時集團非屬旺中，
以「尊重智慧與創意的文化事業」為信念。

施明德的政治遺囑：美麗島軍法大審最後答辯狀 / 施明德作
-- 初版 . -- 臺北市 : 時報文化 , 2021.12
面； 公分 . -- (歷史與現場 ; 310)

ISBN 978-957-13-9741-2(平裝)
1. 施明德 2. 臺灣傳記 3. 臺灣政治 4. 臺灣民主運動

783.3886　　110019337

ISBN 978-957-13-9741-2
Printed in Taiwan